전세제도에 관한 새로운 시각

전세제도에 관한 새로운 시각

명순구·이홍민

KOREA
UNIVERSITY
PRESS
고려대학교
출판문화원

발간사

로두스(Rodhus)는 에게해 남동부에 위치한 그리스령에 속하는 큰 섬입니다. 로두스는 관광 명소이기도 하지만 세인들에게 많이 알려지기로는 우선 이솝우화에 등장하는 섬이기 때문인 것 같습니다. 이솝우화 속에서 한 사람이 친구들에게 둘러싸여 허풍스럽게 말합니다. "나는 로두스 섬에서는 세상 그 누구보다도 높이 뛸 수 있다!" 가만히 듣고 있던 한 친구가 말합니다. "여기가 로두스다, 여기에서 뛰어 봐라!(Hic Rhodus, hic salta!)" 세상에서 가장 높이 뛸 수 있는 능력이 있다는 주장이 진실이라면 어디서든 할 수 있을 것입니다. 오히려 친구들 앞에서 자신의 능력을 보여 줌으로써 그들에게 희망과 용기를 주는 것이 보다 값진 선택이었을 것입니다. 헤겔과 마르크스가 이 에피소드를 인용하면서 로두스는 다소 비장하고 엄숙한 의미를 담게 되었습니다.

현대 법학은 전문화의 경향이 뚜렷합니다. 전문화된 법학이 자기폐쇄 경향으로 이어져 다른 학문 분야와의 융합 기회를 소홀히 한다든가 일반인과 소통할 수 있는 가능성을 상실한다면 법학의 전문화는 그 의미를 잃거나 혹은 최소한 새로운 발전동력을 상실할 수밖에 없습니다. 법학적 이슈가 법률가라는 전문가 집단 안에서 폐쇄적 담론으로 그치는 것을 두려워해야 할 이유가 여기 있습니다. 학제 연구·통섭·융합의 학문 태도가 중시되는 이 시기에 법률가들도 이 경향에 보다 적극적으로 부응할 필요가 있습니다. 로두스 시리즈 출간 사업은 이러한 노력의 일환입니다.

로두스 시리즈는 사회적·실천적 의미를 가진 법적 이슈를 선정하여 시각은 전문가 수준을 유지하되 표현 방식과 문체는 매우 평이한 모습을 유지하고자 합니다. 로두스 제4권은 전세권에 관한 문제를 다루었습니다. 이 주제에 대하여 법학 외의 학문을 하는 분들, 더 나아가서는 일반인들과 소통하고자 합니다.

끝으로 로두스 시리즈를 위하여 재정 지원을 해 주신 법무법인 '율촌'에 깊은 감사를 드립니다.

2015년 2월 28일
고려대학교 법학연구원 비교법연구센터 소장
명순구

머리말

로두스 제4권은 전세제도를 다루고자 합니다. 최근에 전세가가 계속 고공행진을 하면서 전세를 둘러싸고 많은 이슈가 발생하고 있는데, 이처럼 주목받고 있는 제도는 사실 전세의 두 가지 유형 중 하나인 채권적 전세입니다. 전세에는 채권적 전세 외에 물권적 전세로서의 '전세권'도 존재합니다. 그러나 채권적 전세와 달리 전세권은 그다지 많이 활용되고 있지 않기 때문에, 일반인들로서는 크게 관심을 가지지 않고 또 그렇기 때문에 전세권에 대해서는 잘 모르는 것이 현실입니다. 그런데 전세권은 지상권처럼 어떤 물건을 사용·수익할 수 있는 용익물권적 권능을 가지는 한편, 저당권처럼 물건에 투입된 자본을 회수하기 위하여 그 물건을 경매하여 우선변제를 받을 수 있는 담보물권적 권능도 가지는 특이한 물권입니다. 이런 점에서 전세권이라는 제도는 그 내용을 잘 파악해야 활용할 수 있는 제도입니다. 또 점차 전세금의 이자만으로는 대상 물건의 사용가치를 감당할 수 없게 됨에 따라 채권적 전세가 소멸된다고 해도, 그와 별도로 전세권은 그 자체로서 충분히 활용가치가 있는 제도입니다. 그러나 연혁적인 측면에서 채권적 전세와 전세권은 하나의 관행에서 발전되었던 제도이기 때문에 법률가들조차 채권적 전세와 전세권을 서로 연결지어 생각하기도 할 뿐만 아니라, 전세권 자체로 보아도 처음 입법될 때의 제도와 현재의 제도 사이에는 여러 가지로 큰 차이가 있다 보니, 전세권에 대해서는 법률가들도 그 내용을 온전히 파악하지 못하는 부분이 있기도 합니다. 이런 점에서 전세권에 대해서는 충분히 살펴볼 필요가 있습니다. 이 책은 물권적 전세로서의 전세권 그 자체에 대해 종래의 논의와 판례의 태도를 정리하여, 앞으로 전세권이 보다 잘 활용되는 데에 일조하고자 합니다.

이러한 관점에서 이 책은 우선 채권적 전세와 전세권의 시작인 과거의 전세 관행에 대해 소개하는 것부터 시작하려고 합니다. 이를 전제로 채권적 전세가 왜 소멸되어 버릴 제도인지에 대해서 살펴본 후에, 현재의 전세권 제도에 대해 살펴보도록 하겠습니다. 이때 특히 전세권이 가지고 있는 두 가지 성질을 어떻게 조화롭게 해석할 것인지를 바탕으로 살펴볼 것입니다. 그 후에 앞으로 전세권이 어떻게 활용될 수 있는지에 대해 생각해 보고자 합니다.

주제의 특성으로 인해 이번 로두스 시리즈는 그 서술 방식과 문체가 상당히 전문성을 띠고 있습니다. 이 점에 대해서는 관대한 양해를 부탁드립니다.

2015년 2월
저자를 대표하여
명순구

차례

제2장 현재의 전세권 제도

담론을 열며

최근 전세제도의 한 축을 이루고 있는 '채권적 전세'를 둘러싸고 많은 이슈가 발생하고 있다. 그중에서 특히 관심을 끄는 문제는 이른바 '깡통아파트'와 '전세난민'이다. '깡통아파트'란 부동산 시장 가격이 상승할 때 무리하게 고액을 대출받아 전세를 끼고 구입한 아파트의 가격이 대출금에 전세가를 합한 금액 이하로 추락하여 자기 몫은 한 푼도 없게 되는 경우를 가리킨다.[1)] 예를 들어 2013년 2월의 한 기사에 따르면, B씨는 수년 전 104.34㎡ 규모의 D아파트를 4억 5000만 원에 구입했는데, 1억 원을 대출받고 전세금 1억5000만 원을 받았으며, 본인은 2억 원을 투자했었다. 이후 전세가격이 오르면서 전세금을 1억 원 올려 받아 현재 전세금은 2억5000만 원이지만, 그 사이 D아파트의 값이 1억 원 떨어지면서 현재 매매 호가는 3억5000만 원 수준이다. 이 경우 아파트를 처분하는 순간 대출금을

---

1) 네이버 시사상식사전 <http://terms.naver.com/entry.nhn?cid=520&docId=66786&mobile&categoryId=520> 참고.

갚고 전세금을 돌려주고 나면 B씨는 아무런 수익 없이 중개수수료 140만 원만 내야 하는 상황이 되는 것이다.[2] 이러한 '깡통아파트'를 둘러싼 문제는 이른바 '하우스푸어(House Poor)'[3]를 양산하는 한편 투자자 개인의 파산으로 끝나지 않고, 주택담보대출에 주력해온 금융권의 부실로 연결될 수도 있어 사회적으로 큰 문제가 되고 있다. 이에 따라 그 해결 방안도 여러 가지로 모색되고 있다. 또 '전세난민'이란 전세가의 급등을 감당하지 못해 좀 더 싼 전셋집을 찾아 떠도는 사람들을 말하는데,[4] 이러한 전세난민의 문제는 곧 '렌트푸어(Rent Poor)'[5]의 문제와 직결된다. 뿐만 아니라 전세제도를 둘러싸고 발생한 '하우스푸어' 및 '렌트푸어'의 문제는 국민들의 실질소득을 저하시키고, 그로 인한 국민들의 구매력 저하는 곧 국가경제에 심각한 타격을 주게 된다. 이러한 '깡통아파트'나 '전세난민'과 같은 문제는 매매가에 비해 전세가가 지나치게 높다는 점에서 비롯된다고 할 수 있다. 이에 따라 정부에서는 2013년 8월 28

---

2) "집주인 통곡 月이자 100만원, 7억 집 팔려도…", 《머니투데이》 2013.02.05. 기사 <http://news.mt.co.kr/mtview.php?no=2013013111520858728&type=&MTS> 참고.

3) '집을 보유한 가난한 사람'을 말한다. 이들은 주택가격이 오를 때 저금리를 바탕으로 과도한 대출로 집을 마련했으나 금리인상과 주택가격 하락으로 인해 큰 손해를 보고 있는 사람들로, 외형상 중산층이지만 원리금상환 부담으로 구매력이 떨어져 있는 상태이다. 네이버 시사상식사전 <http://terms.naver.com/entry.nhn?cid=520&docId=66786&mobile&categoryId=520> 참고.

4) 네이버 시사상식사전 <http://terms.naver.com/entry.nhn?docId=938446&cid=516&categoryId=1174> 참고.

5) 급증하는 전세가를 감당하는 데 소득의 대부분을 지출하느라 저축 여력도 없고 여유 없이 사는 사람들을 일컫는 말로서, 집을 가지고 있음에도 대출이자 등으로 실질소득이 줄어 빈곤하게 사는 사람들인 하우스푸어(house poor)의 전세판이라고 할 수 있다. 네이버 시사상식사전 <http://terms.naver.com/entry.nhn?docId=938446&cid=516&categoryId=1174> 참고.

일 "서민·중산층 주거안정을 위한 전월세 대책"을 발표하는 한편, 그에 따른 후속 대책을 잇달아 내놓았지만,[6] 전세가는 이를 비웃듯 그 이후로도 계속 상승하고 있다.[7] 이처럼 정부의 전세 대책이 별다른 성과를 거두지 못함에 따라 점차 전세가 사라질 것이라는 전망이 나오고 있다.[8]

다만 이처럼 소멸될 것이 예상되는 전세란, 전세의 두 가지 유형 중 하나인 '채권적 전세'이다. 전세에는 채권적 전세 외에도 물권적 전세로서의 '전세권'이 있는데, 전세권은 그다지 많이 활용되고 있지 않기 때문에 일반인들로서는 크게 관심을 가지지 않고 있고, 법학자들로서도 어떤 판례가 나왔을 때에 그 판례에 대한 판례평석 형태로 이루어지는 연구가 대부분의 연구라고 할 수 있을 만큼, 전세권 자체에 대한 체계적인 연구는 잘 이루어지지 않고 있다. 물론 윤대성 교수의 〈한국전세권법연구〉[9]와 같이 전세제도의 연혁부

---

6) 국토교통부, "행복한 대한민국을 위한 주거정책", <http://www.molit.go.kr/doc/housing/housing.jsp> 참고.

7) "전세가격 74주 연속상승… 올해도 '전세난민' 우려", 《중소기업신문》 2014.1.23. 기사 <http://www.smedaily.co.kr/news/articleView.html?idxno=44672> 및 "서울 아파트 전셋값 고공행진… 1월 가격 13년 만에 최고", 《중앙일보》 2015.01.30. 기사 <http://joongang.joins.com/article/098/17059098.html?ctg=> 참고.

8) 부동산정보업체 부동산써브가 전국 회원 중개업소 공인중개사 627명을 대상으로 설문조사를 실시한 결과 '10년 안에 전세가 사라질 것'이라고 응답한 비율이 28.9%(181명), '10-30년 내 사라질 것'이 27.9%(175명)에 달했다. 절반 이상이 적어도 30년 이내에는 전세가 사라질 것으로 전망했다고 한다("'대책없는' 전세, 정부도 항복선언", 《머니위크》 제357호 기사 <http://www.moneyweek.co.kr/news/mwView.php?type=1&no=2014110620368054556&outlink=1> 참고)

9) 윤대성, 《한국전세권법연구》, 한국학술정보, 2009. 이 책은, 위 교수의 박사학위논문(尹大成, 〈傳貰權法의 硏究〉, 成均館大學校 博士學位論文, 1987)을 기초로 한 尹大成, 《韓國傳貰權法硏究》, 三知院, 1988을 개정한 책이다. 이하 윤대성 교수의 저술은 2009년에 발간된 책을 인용하도록 하겠다.

터 현재의 전세제도 전반에 대하여 심도 있는 논의를 전개한 저술도 존재한다. 그러나 위 저술은 기본적으로 전세권을 담보물권으로 파악하면서,[10] 채권적 전세도 단지 등기만을 갖추지 않았을 뿐 물권으로서의 전세권과 기본적으로 같은 성질을 가지는 것으로 파악하고 있다.[11] 이러한 시각은 물권으로서의 전세권이 용익물권적 성질과 담보물권적 성질을 모두 포함하는 것으로 보면서, 채권적 전세는 이와 달리 기본적으로 임대차와 유사한 것으로 파악하고 있는 판례 및 다수설의 태도[12]와 차이가 있다. 그런데 필자들은 기본적으로 전세권 및 채권적 전세의 본질에 대해 판례 및 다수설의 태도가 옳다고 생각하기 때문에, 이러한 시각에서 전세권 제도 일반에 대해 서술하는 것은 그 나름의 의미를 가질 것으로 기대한다.

한편 전세권에 관한 연구에서 개별적인 쟁점들은 기본적으로 전세권의 본질을 어떻게 파악하는지, 즉 전세권이 용익물권인지 아니면 담보물권인지의 논의와 직결되는 경우가 많다. 그런데 일반적으로 이루어지고 있는 전세권의 본질에 관한 논의는 전세권이 용익물권적 성질과 담보물권적 성질을 모두 가진다는 결론을 도출할 뿐, 그 논의가 실질적으로 함축하는 내용이 어떠한지에 대해서는 별다른 관심을 가지지 않는 것으로 보이는 경우가 많다. 또 전세권에 관하여 설명한 교과서들을 보면, 전세권의 본질에 대해서는 용익물권

10) 윤대성, 앞의 책(2009), 367-370면.

11) 윤대성, 위의 책, 382-384면. 윤대성 교수는 이러한 관점에서 '채권적 전세'를 '미등기 전세'라고 표현한다.

12) 앞의 논의에 대해서는 우선, 이홍민, 〈전세권의 본질과 전세금반환채권의 양도〉, 《법과정책》 제17집 제2호, 제주대학교 법과정책연구소, 2011, 338-346면 참고. 뒤의 논의에 대해서는 우선, 이홍민, 앞의 글 〈채권적 전세의 법적 규율〉, 112-117면 참고.

성과 담보물권성을 모두 지닌다고 하면서도 정작 그 체계는 전세권이 용익물권이라는 것을 전제로 서술하는 경우가 많다. 따라서 아래에서는, 우선 전세권이라는 제도가 어떻게 형성되었는지 살펴본 후, 전세권의 본질에 관하여 탐구해 보고, 그러한 논의가 전세권의 내용 전체에 어떻게 일관하는 것이 논리적인지 살펴보도록 하겠다.

제1장
전세제도의 역사적 발전

제1절 전세에 관한 관습

1. 전세의 기원

우리나라의 전세 관습에 관한 조사기록으로 가장 오래된 문헌은 일제강점기에 편찬한 '관습조사보고서'라고 할 수 있다.[13] 이에 따르면 전세는 조선에서 가장 일반적으로 행하여지는 가옥임대차의 방법으로, 월세와 함께 가옥임대차의 한 유형이라고 한다.[14] 이에 비추어 볼 때 전세제도가 일제강점기 이전에 이미 형성되어 널리 이용되고 있었다는 것은 분명하다. 그러나 그 연혁이 정확히 어디로

13) 郭潤直 편/朴炳大 집필, 《民法注解[VI]》, 博英社, 1992, 155면. 이하 제1장의 내용은 이홍민, 앞의 글 〈채권적 전세의 법적 규율〉, 90-117면을 수정 · 보완한 것이다.

14) 정긍식, 《國譯 慣習調査報告書》, 한국법제연구원, 1992, 288-289면.

거슬러 올라가는지에 대해서는 문헌의 미비로 알 수 없다.

조선시대에 행하여지던 가사전당(家舍典當)에서 그 기원을 찾는 견해도 있다.[15] 전당(典當)은 고려시대부터 시행되었던 점유질의 성질을 갖는 담보제도로서 주로 동산이나 노비를 객체로 하였는데, 조선 중엽 이후부터는 농지도 객체로 하게 되었다.[16] 이때 채무자는 담보한 부동산의 점유를 채권자에게 인도하며, 점유를 인도받은 채권자는 부동산을 사용·수익하여 채무자가 해당 채무를 변제할 때까지 그 전답을 경작하며, 그 전답의 경작에서 나오는 수확물인 수익은 이자에 충당되는 것으로 보았다.[17] 이와 같은 전당 제도 중 가옥을 대상으로 하는 것을 가사전당이라고 하는데, 가사전당 문기(文記)[18]와 전세 문기의 내용을 비교·분석하여 두 제도상의 유사점을 제시하면서 전세제도는 가사전당제도가 발전한 형태라고 하는 것이다.[19]

실제로 두 제도는 전당금과 전세금, 전당기간과 전세기간 등 법적 구조에 있어서 유사한 점을 보이고 있다.[20] 그러나 전당의 원인

---

15) 윤대성, 앞의 책, 101-108면; 蘇在先, 〈傳貰權의 變遷과 機能〉, 《韓國民法理論의 發展(Ⅰ)》, 博英社, 1999, 396-397면; 金龍潭 편/朴淳成 집필, 《註釋民法 物權(3)》, 韓國司法行政學會, 2011, 225면 등.

16) 우병창, 《조선시대재산법》, 세창출판사, 2006, 303-305면.

17) 우병창, 위의 책, 305면.

18) 문기(文記)란 조선시대에 있어서 토지, 가옥, 기타 재산상의 권리를 양도하는 증서 또는 토지, 가옥 등의 처분에 관한 계약서 및 상속을 내용으로 하는 재산처분서를 말한다. 문권(文券) 또는 명문(明文)이라고도 하였다(우병창, 앞의 책, 266면).

19) 윤대성, 위의 책, 101-108면.

20) 가사전당 문기 및 전세 문기의 실제에 대해서는 윤대성, 위의 책, 53-55면 및 72-73면 참고.

은 금전소비대차 또는 채무의 변제를 위한 것[21)]이었음에 반해, 전세는 가옥의 수요가 급증하면서 발생한 제도로서 그 가옥의 사용에 주된 목적이 있다는 점에서 두 제도의 목적은 근본적으로 다르다고 할 수 있다.[22)] 또 전당은 주로 기한 안에 변제하지 못하면 그 담보물의 소유권을 채권자에게 귀속시키는 유질특약과 함께 이루어졌는데,[23)] 이처럼 가사전당은 대부분 유질특약과 함께 이루어졌다는 점에서 그렇지 않은 전세와는 큰 차이가 있다. 특히 담보로 잡힌 물건을 강제경매에 의하여 환가하여 채권을 확보할 수 있는 방법이 확립되지 않았던 조선 시대에 있어서 이러한 유질특약은 채권의 담보를 위한 중요한 수단이라고 할 수 있을 것인데, 전세에서 유질특약은 물론 전세금을 반환받기 위한 아무런 수단이 병행되지 않은 점은 오히려 전세와 전당이 다른 제도라는 점을 보여 주는 부분이라고 할 수 있을 것이다. 따라서 가사전당에서 채권자에게 사용 · 수익권이 주어지는 등 전세와 유사한 점을 보이는 부분은 가사전당이 점유질[24)]의 성질을 가진 점에서 비롯된 것일 뿐, 가사전당이 직접적으로 전세로 발전했다고 하기는 힘들다고 생각한다.

---

21) 윤대성, 앞의 책, 56면. 김재문, 《한국전통담보제도》, 동국대학교출판부, 2007, 187면의 예시들도 참고.

22) 일반적인 계약의 모습을 생각해 보면, 가사전당은 가옥의 소유자가 상대방에게 '돈을 빌려달라'는 청약을 하고 상대방이 이를 승낙하면서 그 담보로서 가사의 전당이 이루어지는 형태일 것이지만, 전세는 세입자가 가옥의 소유자에게 '집을 빌려달라'고 청약을 하고 상대방이 이를 승낙하면서 이루어질 것이므로 두 제도 간에는 역시 차이가 있다.

23) 우병창, 앞의 책, 303면 및 윤대성, 위의 책, 53-55면의 사례 참고.

24) 동산 및 부동산의 점유질은 '대명률'에 그 내용이 규정되어 있음에 비추어 '경국대전' 이전부터 이미 성행하고 있었던 제도라고 한다(이에 대한 상세는 김재문, 《한국전통 채권법 · 가족법 · 소송법》, 동국대학교 출판부, 2007, 125-126면 참고).

그 외에 "전세계약을 체결하면 소유자는 자신이 그 가옥의 주인이 아닌 것처럼 생각하고, 또 전세입자 쪽에서는 자신의 가옥인 것처럼 생각한다."[25]는 당시의 관념에 비추어 볼 때, 우리 고유의 법문화로서의 환퇴(還退)[26]가 1876년 병자수호조약 체결 후 촌락인구의 도시 유입으로 가옥의 수요가 급격하게 증대함에 따라 변질된 제도라고 볼 수 있을 것[27]이라는 주장도 있지만, 이 또한 현재로서는 추측의 하나일 뿐이다.[28]

오히려 최근 전세의 기원에 관한 새로운 연구가 발표되었는데 이에 의하면, 조선왕조실록 및 승정원일기의 내용을 분석해 볼 때 타인의 가옥에 세를 들어가면서 셋돈을 주고 세문권(貰文券)을 수수하는, 현재의 전세와 유사한 관행이 아무리 늦어도 18세기 초 한성부에 이미 존재하고 있었다고 하며, 이를 세매(貰賣)라고 한다는 것이다.[29] 그리고 이러한 세매(貰賣)를 전세(傳貰)라고 표현하게 된 과정에 대해, 관습조사보고서 및 일제강점기의 판례를 분석하여, 본래는 임대인과 제1세입자 사이의 관계를 표현하는 말이 아니라 제1세입자가 타인(제2세입자)에게 세(貰) 관계를 전수하는 것을 표

25) 京城帝國大學社會調査部法律學班, 〈傳貰慣行の實證的硏究 3〉, 《司法協會雜誌》 第23卷 第7號, 朝鮮司法協會, 1944, 54면.

26) 매도담보와 유사한 제도로서, 경국대전이 확정되기 전에 이미 존재하던 제도이다(김재문, 앞의 책 《한국전통담보제도》, 368-369면 참고).

27) 이홍민, 앞의 글 〈채권적 전세의 법적 규율〉, 92면. 淺見倫太郎, 《朝鮮法制史稿》, 巖松堂書店, 1922, 399-400면도, 전세에서의 임료는 매매대금의 지불과 큰 차이가 없다고 한다.

28) 전세가 환퇴 제도에서 유래한 것일 수 있다는 추측에 대한 비판으로, 문준영, 〈구한국기의 임대차 분쟁과 전세 관습 — 민사판결자료를 통한 접근〉, 《법사학연구》 제48호, 한국법사학회, 2013, 137-138면 참고.

29) 문준영, 앞의 글, 139-146면 및 209면.

현하는 말, 즉 전전세(轉傳貰)의 의미를 갖던 말이 점차 전세 일반을 가리키는 말이 되었을 것이라고 추측하고 있다.[30] 이러한 주장은 충분히 타당성을 갖춘 것으로 보인다.

한편 위의 연구는, 기존의 연구가 전세에 관한 기원을 개항 이후(즉 19세기 말)로 상정하고 있던 것과 달리, 그보다 훨씬 일찍 전세의 기원이 형성되어 있었다는 것인데, 이는 전세의 기원에 관한 연구에 새로운 단서를 제공하였다고 생각한다. 다만 이러한 관행이 어떻게 발생하게 된 것인지에 대해서는 앞으로 더 연구가 이루어져야 하는 부분일 것이다.

2. 전세에 관한 관습조사

일제강점기에 편찬된 자료 중 전세에 관한 조사로는 대표적으로 두 가지가 있는데, 하나는 조선총독부 법전조사국이 1908-1910년에 조사한 〈관습조사보고서〉[31]이고, 다른 하나는 경성제국대학 사회조사부 법률학반이 1943년에 조사한 〈전세관행의 실증적 연구(傳貰慣行の實證的硏究)〉[32]이다. 아래에서 각각의 내용을 보기로 한다.

---

30) 문준영, 앞의 글, 175면.

31) 《慣習調査報告書》는, 1910년 일본에 의한 강제병합 이전에, 한국에서 적용하기 위한 별도의 법전을 만들고자 했던 梅謙次郎의 지휘 아래 1908년 5월부터 약 2년간 조사한 것을, 梅謙次郎가 죽은 후 그 제자인 小田幹治郎가 편찬한 자료이다. 이에 관해서는 우선 李鴻旼, 〈민법 제정과 그 성과 분석〉, 高麗大學校 博士學位論文, 2011, 76-78면 참고.

32) 이 글은 국민총력경성제국대학연맹의 사회조사부 법률학반이 1943년 사업의 하나로서 조선에 독특한 가옥대차 관행을 조사 · 보고한 문헌으로, 그 조사는 경성지방법원의 전세 관련 소송자료를 수집 · 고찰하는 방법과 소위 복덕방에서의 전세계약의 실제 관행을 방문 · 청취하는 방법에 의하여 이루어졌다(京城帝

(1) 관습조사보고서의 내용

가. 전세의 의의

가옥의 임대차에는 전세와 월세 두 종류가 있다. 전세는 조선에서 가장 일반적으로 행하여지는 가옥임대차의 방법으로, 대차 시에 차주(借主)가 일정한 금액(가옥대금의 반액 내지 7, 8할이 통례이다)을 가주(家主)에게 위탁하여 별도로 차임을 지불하지 않고 가옥반환 시에 그 금액을 반환받는 것이다.[33] 이러한 전세에서 차주는 그 권리를 제3자에게 대항할 수 없는 것이 원칙이지만, 대주(貸主)와 차주의 연서로 청원서를 한성부에 제출하여 가계(家契)에 현록(懸錄)을 받거나[34] 또는 이를 가옥의 문권(文券)에 기입한 경우에는 제3자에게 대항할 수 있다.[35]

나. 전세의 내용

전세의 기간은 통상 1년이지만, 계약에 따라 일정하지 않으며, 또 기간을 약정하지 않을 수도 있다.[36] 그리고 전세에서 가옥의 수선은 대주의 부담이지만, 소수선(小修繕)은 차주의 부담이다.[37]

國大學社會調查部法律學班, 〈傳貰慣行の實證的硏究 1〉, 《司法協會雜誌》 第23卷 第4號, 朝鮮司法協會, 1944, 54면).

33) 정긍식, 앞의 책, 288-289면.

34) 가계란 관(官)이 가옥의 소유를 인증하는 문서로서 1893년에 한성부에서 처음으로 발급하기 시작하였는데(이에 관한 상세는 朴秉濠, 《韓國法制史攷》, 法文社, 1974, 73-74면 참고), 이러한 가계제도가 실시되면서 전세관계의 당사자가 전세현록청원서를 제출하면 이를 접수한 관이 가계의 뒷면 등에 전세의 사실을 간략히 기입하였다. 이것이 전세의 가계현록이다(윤대성, 앞의 책, 95-100면 참고).

35) 정긍식, 위의 책, 290면.

36) 정긍식, 위의 책, 289면.

37) 정긍식, 위의 책, 290면.

다. 전세당사자의 교체

가옥소유자의 변경이 있을 때에 대주(貸主)인 전소유자가 전세금을 반환하지 않으면 차주는 가옥을 명도할 필요가 없는 것 같다. 다만 서울에서는 가계에 현록을 받는 관례가 있으므로[38] 가계에 현록이 없는 경우 신소유자에 대해 전세금반환을 이유로 명도를 거절할 수 없는 것으로 해석해야 할 것 같다.[39] 그리고 차주는 그 권리를 양도하거나 전당할 수 있고, 대주는 이에 이의를 제기할 수 없다.[40]

(2)전세관행의 실증적 연구의 내용

가. 전세의 의의

전세의 의의에 대해서는 관습조사보고서의 것과 같다. 다만 법원에서 정의한 것을 추가로 언급하는데, 예를 들어 1918년 4월 15일의 경성복심법원(京城覆審法院) 판결은 이를 '한편으로는 임대차의 성질을 가지며, 다른 한편으로는 소비임치[41]의 성질을 가지는 일종의 결합계약'이라고 설명한다.

또 이러한 전세계약이 어떻게 널리 행하여지게 되었는지에 대해서 정확히 답할 수는 없지만, 점포에 대해서는 (전세 외의) 임대차에 의하는 경우가 많고 주택의 경우에는 전세에 의하는 경우가 많은데, 조선에 있어서 중류 이상의 사회(이른바 양반계급)에서는 타인

38) 지방에서는 家主가 借主에게 전세문기를 교부하는 관례가 있다고 한다(정긍식, 앞의 책, 289면).

39) 정긍식, 위의 책, 290면.

40) 정긍식, 위의 책, 290면.

41) 다만 민법 제정 이후의 문헌은 소비임치가 아닌 소비대차와의 결합계약으로 표현하고 있다. 이에 대해서는 이홍민, 앞의 글 〈채권적 전세의 법적 규율〉, 116면 각주 131번 참고.

의 집을 빌려서 사는 것을 좋지 않게 여기고 있었다는 점 정도를 이유로 들 수 있다고 한다.[42)]

나. 전세의 사회적 기능

전세계약의 중점은 뭐라 해도 타인의 가옥을 사용할 수 있게 된다는 것이며, 이것이 전세계약의 주된 사회적 기능이다.[43)] 그런데 전세계약이 임대차에 대해 가지는 특색은 그 가옥 사용에 대한 대가의 지불방법, 즉 일시에 다액의 금액을 전세금으로 교부하는 것이다. 이는 집세거래의 빈도와 위험을 줄일 수 있기도 하지만, 소유자 측에서만 보면 부동산질과 동일하게 담보제도로서의 역할을 하여 부동산금융의 기능을 하기도 한다.[44)]

소유자의 측면에서 담보제도로서 기능한다는 것은 뒤집어 보면 전세입자가 임차인인 동시에 금전채권자로서 담보권자라는 의미이다. 그런데 담보권이 담보권으로서 작동할 수 있으려면 무엇보다 그 물권성이 요구되는데, 조선의 관습을 보면[45)] 원래는 가계현록(家契懸錄)에 의한 물권성 취득의 방법이 인정되었던 것 같다. 이 경우 사용권에 수반하는 유치적 효력만 인정될 뿐 환가권(換價權)은 인정되지 않았지만 양도나 전당이 가능하므로 투하자본을 회수할 방법은 있었다. 그러나 '토지가옥증명규칙'[46)]에 의해 가계제도

---

42) 京城帝國大學社會調査部法律學班, 앞의 글, 56-57면.

43) 京城帝國大學社會調査部法律學班, 위의 글, 58면.

44) 京城帝國大學社會調査部法律學班, 위의 글, 58-59면.

45) 조선민사령 제12조는 "부동산에 관한 물권의 종류 및 효력에 대하여는 제1조의 법률에 정하는 물권을 제외하고 관습에 의한다"라고 하고 있었고, 전세권은 의용민법 등의 법률에 규정된 물권이 아니므로, 조선의 관습을 조사해야 했던 것이다.

46) 원문은 '부동산증명규칙'이라고 하지만, '토지가옥증명규칙'을 가리키는 것

가 없어지면서 여기에 현록을 받을 수 없게 된 결과 전세는 물권성을 취득할 수 없게 되었다. 따라서 당사자는 저당권을 설정하여 이를 보충하는 것이 일반적인 현상이 되었다.[47)]

다만 전세금에 대한 집세의 비율이 3할 이상에 해당하는데도[48)] 전세가 행하여지고 있는 것은 금리 특히 소액자금의 금리가 지극히 높다는 것을 의미한다. 즉 전세계약은 이러한 경제적 사정을 배경으로 해서 가옥의 금전채권화(담보화)를 위한 중요한 역할을 수행해 온 것을 알 수 있다. 따라서 담보적 효력의 상실에도 불구하고 담보적 기능은 그 구성 자체에서 여전히 보유하고 있는 것으로 보인다.[49)]

다. 전세관계의 성립

전세계약은 양당사자의 합의에 의하여 성립한다.[50)] 전세계약은

으로 보아야 한다. '토지가옥증명규칙'은 대한제국 말기인 1906년에 일본에서 파견된 梅謙次郎의 주도하에 제정·시행된 것으로, 가계를 폐지하고 토지가옥증명부를 도입하였는데 그 증명대상으로 소유권과 저당권만을 규정하고 있었다(宋榮珉, 〈土地와 建物을 別個의 物件으로 취급하는 民法態度에 관한 法史學的 一考察〉, 《토지법학》 제19호, 2003, 15-19면 참고).

47) 京城帝國大學社會調查部法律學班, 앞의 글 〈傳貰慣行の實證的研究 1〉, 59-60면. 당시의 복덕방 주인들에 대한 조사에 따르면 저당권을 설정하지 않고서 돈을 건네는 일은 없었다고 하며, 소유자가 저당권 설정을 원하지 않을 경우 보증인을 세운 예가 많다고 한다(같은 글, 60면).

48) 시가 1천원의 건물을 임대한다고 하면 그에 대한 1년분의 집세는 통상 건물 시가의 1할 5푼 내지 2할에 해당하여 150원 내지 200원의 임대 수입이 생긴다. 이에 대해 이 건물을 전세로 대여하면 전세금은 건물 시가의 반액 내지 7·8할에 해당하므로 650원 정도의 전세금이 들어오는데 지나지 않는다(京城帝國大學社會調查部法律學班, 위의 글, 63면).

49) 京城帝國大學社會調查部法律學班, 〈傳貰慣行の實證的研究 2〉, 《司法協會雜誌》 第23卷 第5號, 朝鮮司法協會, 1944, 34면.

50) 京城帝國大學社會調查部法律學班, 위의 글, 35면.

그 체결시에 전세금의 1할 정도의 계약금을 전세입자가 소유자에게 교부하고, 잔금과 가옥의 명도는 동시에 행하여지는 것이 보통이다.[51)]

그리고 전세의 목적물은 가옥에 한한다. 다만 조선의 관습에 있어서는 가옥의 대지는 가옥의 종물로서 가옥과 그 대지가 별도의 소유자에게 속하는 경우는 극히 이례적이므로, 전세계약의 목적은 직접적으로는 가옥이지만, 대지가 가옥소유자에게 속하는 한 그 대지도 역시 목적이 된다고 할 것이다. 전세금의 반환청구를 담보하기 위해 저당권을 설정하는 경우에도 토지와 건물 쌍방 위에 저당권을 설정하는 것이 대부분이다.[52)]

라. 전세관계의 내용

가옥소유자는 약정기일에 전세입자를 위해 가옥을 명도하고, 소정기간 이를 사용하게 하며, 계약 종료 시 전세금을 반환해야 한다.[53)]

가옥소유자가 임대인으로서 가옥을 수선할 의무[54)]를 부담하는가에 대해서, 관습조사보고서에서는 "가옥의 수선은 대주의 부담이지만, 소수선은 차주의 부담"이라고 하고 있다. 그러나 한 복덕방의 노주인(老主人)에 대한 조사에 따르면, "전세계약을 체결하면 소유자는 자신이 그 가옥의 주인이 아닌 것처럼 생각하고, 또 전세입자 쪽에서는 자신의 가옥인 것처럼 생각한다. 따라서 일체의 가옥

---

51) 京城帝國大學社會調査部法律學班, 앞의 글, 37면.

52) 京城帝國大學社會調査部法律學班, 위의 글, 38면.

53) 京城帝國大學社會調査部法律學班, 위의 글 〈傳貰慣行の實證的研究 3〉, 54면.

54) 의용민법 제606조 제1항은 "임대인은 임대물의 사용 및 수익에 필요한 수선을 하는 의무를 진다"고 규정하고 있었다.

수선은 전세입자의 비용으로 한다"라고 한다.[55]

전세입자는 전세금을 지불하고 가옥을 점유한다. 사용기간 중 선량한 관리자의 주의로써 거주하고, 계약이 종료한 경우에는 전세금을 받고서 명도해야 한다.[56] 그리고 기간에 대해서 경성에서는 100일로 하는 관례가 있으며, 그 외에는 대체로 관습조사보고서의 것과 일치한다.[57]

마. 전세당사자의 교체

임대차와 달리 전세에 있어서는 당사자의 교체에 아무런 제한이 없다. 그 이유가 전세권이 소유권에 가까운 강력한 것이라고 관념되기 때문인지, 전세권자에게 투하자본 회수의 수단을 주기 위한 것인지, 조선에서 타인의 가옥 사용에 대한 사회 통념이 그러한 것인지는 단정할 수 없다.[58] 다만 전전세의 경우에는 제2차 전세입자가 가옥소유자에 대해 직접 자신이 제1차 전세입자에게 교부한 전세금으로써 대항할 수는 없으며, 그는 다만 제1차 전세입자에 대해서만 그 반환을 구할 수 있다.[59]

---

55) 京城帝國大學社會調査部法律學班, 앞의 글 〈傳貰慣行の實證的硏究 3〉, 54면.

56) 京城帝國大學社會調査部法律學班, 위의 글, 54면.

57) 京城帝國大學社會調査部法律學班, 위의 글, 55면. 조사대상 중 기간을 정한 32건의 사건 가운데 기간을 100일로 한 것이 16건, 3개월 혹은 4개월로 한 것이 10건으로 관습조사보고서의 조사결과와 대체로 일치한다고 한다.

58) 京城帝國大學社會調査部法律學班, 위의 글, 59면.

59) 京城帝國大學社會調査部法律學班, 위의 글, 61면. 이에 대해 이 글의 필자는, 이 점이 전세권의 양도와 큰 차이점이지만, 양도인지 전전세인지의 구별이 반드시 명확한 것은 아니어서 앞으로 문제가 될 수 있으므로, 양도의 경우에 소유자에 대한 통지 또는 승낙을 해태하여 소유자가 선의로 전세금을 양도인에게 지불한 경우에는 양수인은 그 양수로써 소유자에게 대항할 수 없다고 해석해야 할 것이라고 한다(같은 면).

바. 전세관계의 종료

전세계약 기간의 정함이 있는 경우에는 그 기간의 경과에 의해 전세관계는 종료하지만, 많은 경우에 계약은 갱신되며 때로는 갱신절차를 거치지 않고 그대로 수년간 계속되기도 한다.[60] 전세관계가 종료한 경우에는 가옥의 명도와 전세금의 반환이 동시이행의 관계에 선다.[61] 이때 소유자가 무자력으로 전세금을 반환하지 못하면 전세입자는 가옥을 명도하지 않으며, 이 경우 저당권이 설정되었으면 이를 실행할 것이지만, 그렇지 않은 경우에는 전세권의 양도에 의하여 이 관계에서 벗어나거나, 그 가옥의 소유권을 전세입자에게 이전하여서 양자의 관계를 청산하기도 한다.[62]

3. 소결

일제강점기의 관습조사에 대해서는, 식민통치를 원활히 하기 위한 기초자료의 정리라는 목적으로 수행되었기 때문에, 그 조사결과 중에는 실제의 관습을 왜곡한 측면이 있다는 점이 지적되어 왔다.[63] 그리고 이러한 점에 근거하여, 일제강점기에 있었던 전세에 관한 조사도 원래 물적 담보제도로서 가사전당에서 유래한 것을 일본민법의 전형계약 가운데 하나인 임대차로 왜곡한 것이라는 비판이 있다.[64] 그러나 일제강점기의 관습조사가 실제 관습을 왜곡한 측면이

60) 京城帝國大學社會調査部法律學班, 앞의 글, 56면.
61) 京城帝國大學社會調査部法律學班, 위의 글, 58면.
62) 京城帝國大學社會調査部法律學班, 위의 글, 58면.
63) 鄭肯植,《韓國近代法史攷》, 博英社, 2002, 208면.
64) 윤대성, 앞의 책, 130면.

있는 것은 사실이라고 해도, 전세에 관한 조사가 왜곡되었다는 비판에는 수긍하기 어려운 점이 있다. 즉, 임대차라는 전형계약의 형태는 일본민법에만 존재하는 것이 아니라 로마법 이래 근대민법에서 예외 없이 인정되는 대표적인 계약의 형태이므로, 전세라는 관습이 타인의 물건에 대해 대가를 지급하고 이용하는 데 중점이 있었다면, 이를 임대차의 한 유형으로 본 것이 반드시 왜곡이라고 하기는 힘들 것이다.

또 위의 비판은 전세라는 관습이 가사전당에서 유래하였다는 것을 전제로 하는데, 이러한 사실은 아직 입증된 것이 아니다. 무엇보다 위의 비판은 전세에 관한 조사가 왜곡되었다는 근거로서, 원래 전세에 있어서는 그 양도 또는 전대에 대해 가옥소유자의 승낙이 필요 없었는데, 이를 당시 조선고등법원 판례가 일본민법 제612조의 법리에 따라 가옥소유자의 승낙이 필요한 것으로 왜곡시켰다는 점을 들고 있다.[65] 그러나 이러한 비판은 오역에 근거한 것으로서, 일제강점기 당시의 조사 및 판례는 항상 전세의 양도 또는 전대에 대해 소유자의 승낙이 필요 없다고 하고 있다.[66] 따라서 최소한 전

---

65) 윤대성, 위의 책, 130면.

66) 전세의 양도 또는 전대에 관한 당시의 관습조사 및 판례를 정리하면 다음과 같다: ① 〈관습조사보고서〉 및 "전세관행의 실증적 연구"에서는 가옥소유자의 승낙 없이 양도하거나 전대할 수 있다고 하였다; ② 전세에 관한 조선고등법원 최초의 판결로 보이는 朝鮮高等法院 明治45(1912).3.8. 민상 제15호 판결은, "전세계약에 의해 가옥사용의 권리를 얻은 자가 가옥소유자의 승낙 없이 그 권리를 제3자에게 양도하여 그 관계로부터 완전히 이탈하거나 당해 계약을 지속시키면서 그 가옥을 전대하는 것은 조선에 있어서 관습으로 본원이 인정하는 바이다"라고 하면서 제2심 상고인이 "관례상 양도할 수 있을 뿐 전대할 수는 없다"고 주장하는 것을 배척하고 있다(《朝鮮高等法院判決錄》第1卷, 高等法院書記課, 1913, 443-445면 및 《국역 고등법원판결록 제1권(민사편)》, 법원도서관, 2004, 315-317면); ③ 경성복심법원 부장판사였던 吉田平治郎에 의하면 "가계

세에 대해서는, 일제강점기의 관습조사가 왜곡된 것이라고 폄하하기는 곤란하다고 생각한다.

이에 따라 조선말기와 일제강점기에 행하여졌던 전세제도의 특징을 보면 다음과 같다: ① 전세는 세입자가 전세금을 지급하여 그 전세금의 이자로 차임에 충당하는 제도이다; ② 전세입자는 소유자의 의사에 상관없이 그 권리를 양도하거나 담보에 제공할 수 있다; ③ 전세의 주된 기능은 타인의 가옥을 사용한다는 측면이지만, 소유자의 측면에서는 담보제도로서 부동산금융의 기능을 하기도 한다[67]; ④ 일제강점기에 공시절차가 없어지면서 물권적 측면을 잃게 되었다. 이 중 특히 ④에 대해서는 전세문기에 군수 등의 공증을 받는 관습 등을 이유로, 반드시 물권성을 잃었다고 할 수는 없다고 하

제도가 없으므로 전세자는 가옥의 소유권을 새로 취득한 자 기타 제3자에게 대항할 수 없다. 다만 민법상의 임대차와 달리 전세자는 가옥소유자의 승낙 없이 권리를 타인에게 양도할 수 있고…"라고 하였다(吉田平治郎, 〈朝鮮に於ける慣習と民事法規との關係〉, 《朝鮮司法協會雜誌》 第2巻 4號, 1923, 14~15면); ④ 朝鮮高等法院 昭和18(1943).6.22. 판결은 "전세권자의 지위는 임의로 이를 이전하거나 또는 소유자의 승낙 없이 점유가옥을 다른 사람에게 전대할 수 있는 것이 관습이다"라고 하고 있다(〈高等法院判決例〉, 《司法協會雜誌》 第22巻 第7號, 1943, 120면). 윤대성, 앞의 책, 126면 및 129면은 각각 ②와 ④의 판결에 대해 "승낙을 얻어서"라고 번역하고 있지만, 원문을 보면 "承諾ヲ得スシテ"이므로 현대어 '承諾を得ないで'에 해당한다. 따라서 '승낙을 얻지 않고'로 번역하는 것이 옳다.

67) 京城帝國大學社會調査部法律學班, 앞의 글 〈傳貰慣行の實證的硏究 1〉, 62면은 필자들이 모은 사건을 분석하여 전세의 유형을 다음과 같이 구분하였다: ① 전세입자 및 소유자 쌍방이 모두 금융에 중점을 두고 있다고 생각되는 경우를 금융형이라고 하고; ② 쌍방이 가옥의 임대차에 중점을 두고 있다고 생각되는 경우를 임대차형이라고 하며; ③ 전세입자 측면에서는 임대차에, 소유자 측면에서는 금융에 의미를 두고 있다고 생각되는 경우를 중간형이라고 하였다. 이 중 금융형은 15건, 임대차형은 51건, 중간형은 35건이었다. 다만 이 중 금융형의 예를 보면 임대하기 위한 목적으로 전세를 얻은 사안(같은 글, 59면 [四] 사안)까지도 금융형으로 예시하고 있는데, 이런 경우는 담보를 위한 경우라고 하기는 곤란하므로 이런 경우를 제외하면 그 수는 더 줄어들었을 것이다.

는 반론이 있다.[68] 그러나 그 정당성 여부는 별론으로 하고, 일제강점기에 의용되었던 일본 민법에는 전세제도가 없었으므로 법관으로서는 우선 익숙한 의용민법에 비추어 재판하였을 것이라는 점, 전세에 물권성을 인정하면 조선의 관습을 추가로 조사해야 하는 불편(조선민사령 제12조 참고),[69] 당시의 실제 거래에 있어서도 물권적 측면을 보충하기 위해 저당권을 설정하였다는 점[70] 등에 비추어 보면, 일제강점기에는 최소한 그 물권성을 잃었다고 보는 것이 타당하다고 생각한다.[71]

제2절 전세에 관한 입법

1. 1958년 민법 제정 전의 논의

(1) 로빙기어의 '한국민법전초안'

1945년 8월 15일 일본의 항복 이후 9월 7일부터 미국에 의한 군정이 시작되었다. 다만 같은 해 11월 2일에 미군정법령 제21호를 발

---

68) 윤대성, 앞의 책, 152-153면.

69) 당시의 학설 중에는, 조선민사령 제12조에 규정한 관습상의 부동산물권은 현재 거의 존재하지 않고, 거래안전을 해칠 위험만 존재한다고 하면서 조선민사령 제12조를 폐지하여야 한다는 주장도 있었다(吉田平治郎, 앞의 글, 26-28면).

70) 京城帝國大學社會調査部法律學班, 앞의 글 〈傳貰慣行の實證的硏究 1〉, 59-60면.

71) 문준영, 앞의 글, 210면은 이와 다른 방향에서 일제강점기의 전세제도가 물권적 요소를 가졌을 것이라는 점에 대해 의문을 표하고 있다. 즉 당시 경성에서의 전세기간이 보통 100일 정도였다면 현행 민법상 전세의 전대 · 양도라는 법개념을 동원하며 이에 관한 소유자의 승낙이나 제3자에 대한 대항력 등 전세권의 물권적 요소를 찾으려 시도하는 것이 큰 의미를 가지지 못할 것이라는 점이다. 타당한 지적이라고 생각한다.

포하여 "모든 법률 또한 조선 구정부(舊政府)가 발포하고 법률적 효력을 갖는 규칙, 명령, 고시 기타 문서로서 1945년 8월 9일 시행중인 것은 그 간에 이미 폐지된 것을 제외하고 조선 군정부(軍政府)의 특수명령으로 폐지할 때까지 모두 그 효력이 존속된다.(제1조)"[72]고 함에 따라 일제강점기의 의용민법이 계속 사용되었다. 그런데 한편으로 미군정의 '법률기초국'에서는 민사법령의 기초작업을 진행하고 있었다.[73] 로빙기어(Lobingier, Charles S.)는 '법률기초국'의 법률고문으로 민법초안의 작성을 원조하라는 명을 받고 있었는데,[74] 그는 조미법률가협회(朝美法律家協會)에서 있었던 강연을 통하여 자신이 생각하는 민법초안의 방향을 제시하면서 새로 만들 민법전은 일본이 아니라 중화민국의 민법전을 모본(模本)으로 해야 한다고 하였다.[75] 그리고 1948년 대한민국 정부가 수립됨에 따라 미군정이 끝났음에도 불구하고, 자신의 주장에 따라 스스로 '한국민법전초안(Proposed Civil Code for Korea)'을 작성하였다.[76]

---

72) 法院行政處, 〈主要 舊法令集 (下)〉, 《裁判資料》 제42집, 1988, 43면 참고.

73) 尹大成, 〈로빈기어의 韓國民法典草案과 傳貫權〉, 《昌原大學校 論文集》 第15卷, 1993, 46-47면. '법전기초국'이라고도 한다. 이에 대해서는 李鴻旼, 앞의 글, 〈민법 제정과 그 성과 분석〉, 25-26면 참고.

74) 로빙기어, 〈日本民法改正私案〉, 《法政》 제2권 2호, 1947, 8면. 이 글은 1946년 11월 30일 조미법률가협회에서 발표했던 강연의 요지인데, 여기서 '일본민법'은 일본에서 적용되는 민법이 아니라 의용민법을 의미한다.

75) 로빙기어, 위의 글, 11-12면.

76) 이 초안의 내용에 대해서는 우선 尹大成, 〈美軍政時代(1945-1948)의 韓國民法典編纂事業과 로빈기어의 「韓國民法典草案」에 관한 研究 1〉, 《比較私法》 제4권 1호, 1997, 382-452면 및 尹大成, 〈美軍政時代(1945-1948)의 韓國民法典編纂事業과 로빈기어의 「韓國民法典草案」에 관한 研究 2〉, 《比較私法》 제4권 2호, 1997, 339-388면 참고. 정종휴 교수와 양창수 교수는 '한국민법전사안(韓國民法典私案)'이라고 번역하고, 윤대성 교수와 최종고 교수는 '한국민법전초안(韓國民法典草案)'이라고 번역하고 있다(尹大成, 앞의 글 〈로빈기어의 韓國民法典草案과

이 초안은 전세권(Antichresie/Chinese Dien)에 대하여 총 6개의 조문(제546조 내지 제551조)을 규정하였는데,[77] 그 내용은 다음과 같다: ① 전세권은 부동산질로서, 소유자가 전세권자(채권자)에게 부동산의 점유를 이전시키고 그 과실을 취득하여 채무에 충당하는 담보계약이다(제546조); ② 계약기간은 30년으로 제한되지만, 최단기간은 15년이다(제547조); ③ 다른 약정이 없는 한 전세권자는 원계약의 기간과 약인(consideration)을 초과하지 않는 범위에서 제3자에게 전대 · 이전할 수 있다. 이 경우 그 기간 내에는 불가항력이 아닌 이상 전세권자가 수선의무를 부담하지만, 전세권자가 지출한 유익비 또는 필요비는 상환받을 수 있다(제548조); ④ 전세권설정자(채무자)는 계약으로 정한 기간이 만료된 후 2년 내에 취득한 과실로 채무에 충당하고 본래의 상태로 목적물을 반환받을 수 있다. 그러나 만약 그러한 기간의 정함이 없으면 30년 내로 한다(제549조); ⑤ 전세권설정자는 전세권자의 권리를 침해하지 않는 한 목적물을 다른 사람에게 양도할 수 있다. 그러나 전세권자는 동일한 가격으로 우선하여 매수할 권리를 갖는다(제550조); ⑥ 전세권자의 과실에 의한 목적물의 전부 또는 일부의 멸실에 대해서는 전세권자가 원상회복의무를 부담하며, 중과실 또는 고의로 인한 경우에는 추가적인 손해배상책임도 부담한다. 그러나 불가항력으로 인한 손해에 대해서는 책임을 부담하지 않는다(제551조).[78]

그런데, 이와 같이 로빙기어의 '한국민법전초안'에 중화민국과 만주국의 전권(典權)에 관한 규정을 참조한 규정이 있고, 우리 민

傳貰權〉, 각주 53번).

77) 尹大成, 앞의 글 〈로빈기어의 韓國民法典草案과 傳貰權〉, 12면.

78) 尹大成, 위의 글, 14-18면.

법초안의 전세권이 마찬가지로 중화민국과 만주국의 전권을 참고했다는 것을 이유로, 로빙기어의 초안이 우리 민법에 영향을 주었다는 주장이 있다.[79] 그러나 로빙기어의 초안 제546조-제550조의 'Antichresis; Chinese Dien'은 "일본민법에는 이미 역사를 통하여 공인된 계약(담보권자가 목적물에서 생긴 수입을 획득하여 부채에 적용함)에 관하여 아무런 논급이 없지만 중화민국민법 등 기타 대부분이 이를 규정하고 있다"[80]는 점에 근거한 규정이라고 할 수 있다. 그런데 우리 민법상 전세권을 물권으로 한 것은 당시의 채권적인 전세계약에서 세입자를 보호하기 위해 이를 물권적인 것으로 하려는 것[81]이었지 중화민국 및 만주국 민법의 전권 제도를 수입하려던 것이었다고 하기는 힘들다.[82] 이처럼 입법취지가 다른 이상, 로빙기어의 '한국민법전초안'에 전권에 관한 규정이 있고 현행 전세권에 관한 규정 중 일부가 전권에 관한 규정을 참고하였다는 것만으로 로빙기어의 '한국민법전초안'이 우리 민법에 영향을 주었다고 하기는 힘들다고 생각한다.

---

79) 尹大成, 앞의 글, 18-20면.

80) 로빙기어, 앞의 글, 10-11면.

81) 〈제26회 국회정기회의속기록 제48호〉, 국회사무처, 1957.11.28, 5면의 김달호 의원의 다음과 같은 발언에서 이를 확인할 수 있다: "전세권을 새로 물권으로 신설하느냐 안 하느냐는 문제에 대해서는 지금 국회에 나와 계시는 이인 의원이라든지 본의원도 법전편찬위원회에서 여러 전문가와 같이 장시일동안 검토했던 것입니다. 그 논의한 내용으로 말하면 지금 장의원이 이 좌석에서 소개한 바와 같이 당사자의 의사에 좇아 가지고 채권적 그 성격을 띄우게 하려면 그렇게 해 두는 것이고 좀 더 나아가서 강력한 물권적 보호를 받기 위해서는 이와 같은 전세권이라고 하는 물권을 신설하는 것이 차가인 등으로 하여금 더 보호할 수 있다. 이와 같은 것을 우리는 예견해가지고 그래서 이것을 초안에 집어넣었던 것입니다."

82) 이에 대해서는 李鴻旼, 앞의 글 〈민법 제정과 그 성과 분석〉, 154-156면 참고.

(2) 민법전편찬요강 및 민법초안

'민법전편찬요강'은 1948년 8월 15일 대한민국 정부 수립 직후인 9월 15일 대통령령 제4호로 공포된 '법전편찬위원회직제'[83]에 따라 조직된 법전편찬위원회의 민법분과위원회에서 작성한 것으로 민법초안의 작성에 앞서 그 대강을 미리 정해놓은 것이다.[84] 그런데 민법전편찬요강 채권법각론편 제2장 계약 제7절 임대차의 제20조는 "전세에 관한 규정을 둘 것"[85]이라고 하여 당시의 전세관행을 임대차의 일종으로 규율하고자 하였다.

그러나 이에 대해 당시 민법초안의 기초를 주도하였던 김병로 대법원장은, 전세에 대해 당시의 관행처럼 임대차와 저당권을 함께 사용해서 규율하는 것보다는 하나의 물권으로서의 전세권을 두는 게 타당하다는 생각에서, 전세권을 물권의 일종으로 기안하였다.[86] 이는 각종 법안이 요강에 의하여 기초되어야 한다는 법전편찬위원회처부규정 제9조에 반하는 것[87]이다. 그러나 민법초안의 내용 중

---

83) 《官報》 제4호, 1948.9.15, 1면 수록.

84) 이에 대한 상세는 李鴻旼, 앞의 글 〈민법 제정과 그 성과 분석〉, 33-36면 참고.

85) 張厚永, 《現行民法總論》, 正音社, 1954, 301면.

86) 김병로 대법원장은 국회에서 다음과 같이 발언하였다: "전세라는 것을 과거에 보면 … 전세하는 게 무슨 한 개의 물권이 아니니까 한쪽으로는 임대차계약 … 한쪽으로는 저당권이라는 물권을 갖다가 거기다가 혼동해서 전세라는 효과를 버젓이 유추해 내려왔단 말이에요. 그런 것보다 … 완전히 전세권이라는 한 물권적 완전한 효과를 주는 것이 좋겠다 이래서 전세권이라는 것을 한 특정의 물권으로 입안하게 된 것입니다(〈제26회 국회정기회의속기록 제30호〉, 국회사무처, 1957.11.6, 7면)."

87) 이에 대해서는 민법 제정 당시에도 이미 "국법 준수의 시범이 되어 등대적(燈臺的) 역할을 할 지도적 입장에 있는 법전편찬위원장께서 법전편찬처무규정을 무시한 점은 유감으로 생각한다"는 비판이 있었다(鄭光鉉, 〈親族相續編의 要綱과 草案에 대한 分析과 管見〉, 《韓國家族法研究》, 서울大學校出版部, 1967, 340면).

이러한 민법전편찬요강 위반은 전세에 한정된 문제는 아니며, 한국 전쟁 중에 법전편찬위원회 위원총회를 소집하여 새로 요강을 작성하는 것이 사실상 불가능한 상황하에서 민법초안이 작성되다 보니 발생한 문제라고 할 수 있다.

(3) 민법초안에 대한 의견

민법초안이 발표된 후 학계에서는 이에 대한 다양한 의견이 전개되었다. 또 민법초안과 직접 관련된 것은 아니지만, 전세에 관한 대법원 판결이 있기도 했다. 이를 간단히 소개하도록 하겠다.

가. 민법초안에 대한 찬성의견

민법안심의소위원회에 전문위원으로 위촉되었던[88] 장경학 교수는 '물권법에 있어서 현대적인 과제'의 하나로서 "…농지를 빼고, 그 밖의 부동산에 관하여서 이용자의 지위를 굳게 보장하여 줄 것이 요구된다. 용익물권의 강화가 필요하다. 이러한 요청에 관하여서 이번의 개정초안은 입법적으로 이 문제를 처리하고 있다. 부동산을 이용하는 사람에게 불리한 대차권이라는 채권으로 하지 않고 전세권이라는 용익물권의 형식을 취할 수 있도록 하였다. 종래에 한국에 있어서는 차가법(借家法)이란 특별법이 없었던 탓으로[89] 도시의 주택문제는 커다란 사회문제로 되었었지만, 가옥에 대한 소유자 측의 압력으로 끝끝내 차가법의 성립을 보지 못하고 8·15의 날을 맞이하였던 것이다. 이번 전세권을 용익물권의 하나로 새로 넣으려는

88) 李鴻旼, 앞의 글 〈민법 제정과 그 성과 분석〉, 45면 참고.

89) 조선민사령 제1조는 일본의 차지법(借地法)과 차가법(借家法)을 의용하지 않고 있었다.

방향으로 개정안이 입법을 지향하고 있다는 것은 농경지 이외의 부동산을 이용하는 이용권자를 든든히 보호하여야 한다는 물권법에 있어서 가장 중요한 현대적인 긴절한 과제를 입법상으로 해결한 것으로 인정할 수 있다"[90]라고 하여 전세권을 물권으로 도입하는 것에 대해 찬성하였다.

나. 민법초안에 대한 반대의견

당시 학계의 지배적 견해는 전세를 채권으로 규정하자는 것이었다.[91] 그 대표적인 것으로 민사법연구회의 이름으로 민법초안 및 법제사법위원회의 수정안에 대한 학자들의 의견을 종합한 '민법안 의견서[92]'는 전세권을 물권으로 규정하는데 대해서는 찬성할 수 없으며 전세계약으로 채권편에 규정함이 타당하다고 하였다.[93] 그 이유는 다음과 같다: ① 전세는 관습상 가옥의 일부를 목적으로 하는 경우가 많은데, 그러한 경우에는 물권의 대항요건[94]인 등록의 이행이 불가능하다; ② 전세의 관행은 아직 전국에 보편적으로 행하여지는 것이라고는 볼 수 없다; ③ 현행 전세의 관행은 일종의 특수한 임대차라고 볼 수 있는데 이를 개편하여 물권관계로 규정하여야 할 적극적인 이유를 발견할 수 없다; ④ 전세권자의 보호를 위한

90) 張庚鶴, 〈物權法에 있어서 現代的인 課題〉, 《法政》 제10권 제2호, 1955, 28-29면.

91) 金容漢, 〈傳貰權의 機能的 分析〉, 《法曹》 제23권 12호, 1974, 8면 각주 12번.

92) 민법안의견서에 대해서는 우선, 李鴻旼, 앞의 글 〈민법 제정과 그 성과 분석〉, 51-58면 참고.

93) 民事法硏究會, 《民法案意見書》, 一潮閣, 1957, 112면.

94) 민사법연구회는 물권변동에 관하여 의사주의를 주장하고 있었다. 상세는 民事法硏究會, 앞의 책, 67-74면 참고.

방책은 전세를 채권관계로 규정하면서도 어느 정도 가능하다.[95)]

그 외에 정희철 교수는 임차권을 물권화하는 현대적 경향은 임차권 전반에 걸친 것으로 전세권에 한하는 것이 아니며, 월세에 있어서도 보증금 문제가 있으므로 정책적으로도 전세권만을 별도로 취급할 필요가 없다는 점을 들어 전세권의 물권화에 반대하였다.[96)]

(4) 당시의 대법원 판결의 태도

민법초안이 발표된 후 1955년 1월 27일에 전세의 성질에 대한 대법원 판결이 있었다. 이 판결은 가옥소유자와 세입자 간에 기간을 정하지 않고 전세계약을 체결한 상태에서 소유자가 세입자에게 위 계약을 해지하고 몇 차례에 걸쳐서 그 가옥의 명도를 요구한 사건에 대한 판결이었는데, 제1심과 제2심에서는 전세계약은 민법상 임대차에 해당하므로 당시의 의용민법 제617조[97)]에 의하여 임대인인 소유자가 해지한 후 3개월이 지나면 그 효력이 발생한다고 하였다. 이에 대해 세입자가 전세에 관한 관습에 이와 같은 내용은 없다고 하면서 상고하였고, 대법원은 "근래 항간에 유행하는 가옥의 전세계약은 일종의 임대차계약이며 그 해약에 관한 특별한 관습이 있음을 인정할 수 없으므로 특별한 사정이 없는 한 해약에 관하여서

95) 民事法硏究會, 앞의 책, 184-185면. 민사법연구회는 전세입자의 보호방안으로 유치권을 인정할 것을 제시하고 있다(같은 책 184면 시안 두 번째 규정 제2항). 다만 이러한 방법에 대해서는, 전세권자가 전세권설정 이전에 저당권을 취득한 자까지 포함하여 누구에게나 우선하여 변제를 받는 결과가 되므로 부당하다는 비판이 있다(金曾漢, 《新物權法》(下卷), 法文社, 1961, 468-469면 참고).

96) 鄭熙喆, 〈物權으로 登場한 傳貰權〉, 《法政》 제10권 제5호, 1955, 13면.

97) 현행 민법 제635조에 해당한다.

는 민법 제617조를 적용함이 타당할 것이다."[98]라고 하여 원심의 판단을 그대로 유지하였다. 물론 이 판결은 민법초안과는 상관없이 이루어진 것이지만, 민법 제정 당시에 전세에 관해 어떻게 규율하고 있었는지 알 수 있게 해 주는 판결이라고 할 수 있다.

2. 1958년 제정민법의 태도

(1) 물권으로서의 전세권 입법

민법초안을 심의하였던 법제사법위원회 민법안심의소위원회[99]는, "물권으로서의 전세권 제도가 충분히 이용될지에 대해서는 다소 의문"이라고 하면서도, "임차권에 물권적 효력을 부여할 필요를 느꼈던 과거의 실정으로 보나 또는 가옥과 금전의 상호대차라는 서민층의 관행에 관한 법률관계를 명확히 하여 법률제도화하는 의미"에서 전세권 규정을 신설하는 것이 타당하다고 하였다.[100] 이에 따라 몇몇 규정을 수정하는 정도에서의 수정안을 국회에 제출하였고,[101] 이에 대해 민법초안에 반대하는 민사법연구회의 의견이 현석호 의원의 수정안 제19항과 제34항을 통하여 국회에 제출되어 논의가 되었는데, 표결에 붙인 결과 법제사법위원회의 수정안과 정부안이 국

98) 대법원 1955.1.27. 선고 4287민상236 판결.

99) 민법초안의 심의에 대해서는 李鴻旼, 앞의 글 〈민법 제정과 그 성과 분석〉, 45-49면 참고.

100) 民議院 法制司法委員會 民法案審議小委員會,《民法案審議錄》(上卷), 1957, 183면.

101) 자구수정안을 제외하면, 수정안을 제시한 규정은 법정지상권에 관한 초안 제292조, 전세권의 양도 · 임대 · 전전세에 관한 초안 제293조 내지 제296조, 전세권자의 공과금 부담에 관한 초안 제298조, 유전세(流傳貰)에 관한 초안 제305조에 대한 것뿐이었다. 이에 대한 상세는 명순구,《실록 대한민국 민법 2》, 법문사, 2010, 331-344면, 346-354면, 359-365면 참고.

회를 통과하여,[102] 제정민법[103] 제2편 제6장에 물권으로서의 전세권만 규정하고, 채권 편에는 별도의 규정을 두지 않게 되었다.

(2) 전세에 관한 관습의 입법

김병로 대법원장은 민법초안의 전세권에 관한 규정을 기초(起草)할 때에 한편으로는 관행을 참고하고, 한편으로는 중국의 전권을 참고하여 입안했다고 한다.[104] 실제로 제정민법의 규정을 보면 중화민국민법이나 만주민법의 전권에 관한 규정에서 그와 같은 규정을 찾을 수 없는 것은 제309조, 제311조, 제313조, 제316조, 제317조, 제318조의 6개의 규정에 불과하다.[105] [106] 이러한 점에서 우리

---

102) 〈제26회 국회정기회의속기록 제48호〉, 국회사무처, 1957. 11. 28, 5면.

103) 1958년 2월 22일, 법률 제471호로 공포되어 1960년 1월 1일부터 시행된 민법을 가리켜서 '新民法'(張庚鶴, 〈新民法의 新性格—國會本會議 逐條審議를 通하여〉, 《考試界》 제3권 제1호, 222면 등), '원시민법'(金疇洙 · 金相瑢, 《親族 · 相續法》(제9판), 法文社, 2008, 3면), '1958년 민법'(명순구, 《실록 대한민국 민법 1》, 法文社, 2008, 69면) 등 다양한 표현이 사용되고 있다. 그런데 '신민법'이라는 표현은 이미 몇 차례의 개정을 거친 지금 시점에서의 표현으로는 적절하지 않으며, '원시민법'이라는 표현은 '시작하는 처음의 민법'이라는 사전적 의미는 충분히 수긍할 수 있지만 그 민법의 제정을 위한 노력들을 경시하는 듯한 어감이 있다. 그리고 '1958년 민법'은 이 때 민법이 제정되었다는 사실을 나타내지는 못한다. 따라서 아래에서 이 법률을 가리킬 때에는, 마치 1948년 7월 17일에 우리나라에서 처음 스스로 제정한 헌법을 '제헌헌법'이라고 하는 것처럼, '제정민법'이라는 표현을 사용하도록 하겠다. 다만 민법 제정 이후로 전세권에 대해서는 거의 개정이 없었으므로 대부분의 경우에 '제정민법'은 곧 '현행민법'이 된다(李鴻旼, 앞의 글 〈민법 제정과 그 성과 분석〉, 1면 참고).

104) 〈제26회 국회정기회의속기록 제30호〉, 국회사무처, 1957. 11. 6, 6-7면 참고.

105) 서희석, 〈한국민법에 대한 일본민법의 영향과 향후의 관계〉, 《民事法學》 제52호, 2010, 122면은 현행민법 제307조, 제311조, 제316조, 제317조, 제318조의 5개의 규정이 중화민국민법이나 만주민법에 존재하지 않는 규정이라고 하고, 윤대성, 앞의 책, 246-247면은 제316조, 제317조, 제318조만이 우리의 고유법에 따른 것으로 제311조는 중화민국민법 제922조를 계수한 것이라고 한다. 그러나

민법의 전세권제도가 독창적인 제도라는 점에 의문을 보이기도 한다.[107]

그러나 부동산의 점유를 이전하고 그에 대해 매매가격의 조금 못 미치는 금액을 부동산의 반환 시 돌려받는 조건으로 지급한다는 점에서 두 제도의 표상은 비슷한 점이 많지만, 전권의 주된 기능이 돈을 빌려 쓰기 위한 방법이라는 점[108]에서 전세계약의 중점이 타인의 가옥을 사용할 수 있게 된다는 점에 있다는 것[109]과는 근본적인 차이가 있다.

따라서 우리 민법상 전세권에 관한 규정을 기초할 때에 중화민

현행민법 제307조는 중화민국민법 제917조 제2항과 같고, 현행민법 제309조에 해당한다고 할 수 있는 만주민법 제298조, 현행민법 제311조에 해당한다고 할 수 있는 중화민국민법 제922조, 현행민법 제313조에 해당한다고 할 수 있는 중화민국민법 제924조, 만주민법 제301조의 내용은 현행민법의 그것과 다르다(이에 대해서는 각각 명순구, 앞의 책 《실록 대한민국 민법 2》, 337-339면, 344-349면, 352-354면, 357-359면 참고).

106) 그 외에 민법초안 제296조가 "① 전세권설정자가 그 목적물을 타인에게 양도할 경우에는 미리 전세권자에게 통지하여야 한다; ② 전항의 경우에 전세권자가 상당한 기간 내에 동일한 가액으로 매수할 것을 요청한 때에는 전세권설정자는 정당한 이유없이 이를 거절하지 못한다"라고 하였던 것은 중화민국민법 제919조, 만주민법 제311조, 제268조에서 규정하던 유매(留買)를 도입하고자 한 것이었고, 민법초안 제298조가 "전세권자는 그 목적물의 관리비용 및 공과금을 부담한다"라고 하였던 것은 만주민법 제298조에 해당하는 내용이었다. 이러한 규정들은 중국의 관행에 기초한 것(石田文次郎 · 村教三, 《滿洲民法(物權)》, 有斐閣, 1942, 182면, 187면 참고)이었는데, 법제사법위원회의 수정안 제73항과 제74항에 의해 삭제되었다(이에 대해서는 각각 명순구, 위의 책, 342-344면, 346-349면 참고).

107) 서희석, 앞의 글, 122면; 윤대성, 앞의 책, 239-248면.

108) 鄭玉波 저/黃宗樂 수정, 《民法物權》, 三民書局, 2008, 169면. 전권은 중국에서 한대(漢代) 이후 발전한 제도인 전(典)을 입법한 것으로, 가계(家計)가 곤란해도 조상의 재산을 팔아 쓰는 것은 조상에 대한 불효라고 생각한 중국인들이 돈을 빌려 쓰기 위한 방법으로 활용한 제도라고 한다.

109) 京城帝國大學社會調査部法律學班, 앞의 글 〈傳貰慣行の實證的研究 1〉, 58면.

국민법 및 만주민법의 전권에 관한 규정으로부터 영향을 받았다고 해도, 이는 두 제도의 표면적인 유사성에서 비롯된 것으로 전세권에 관한 내용을 구체화하는 과정에서 영향을 주었을 뿐, 그 실질적인 내용은 우리 관습상의 전세에 관한 내용을 규정한 것으로 보아야 할 것이다. 예를 들어서 민법 제303조 제1항의 전세권의 내용에 관한 규정은 중화민국 민법 제911조, 만주국 민법 제294조의 전권의 내용에 관한 규정과 동일하지만, 이는 사실 우리 관습상의 전세에 관한 내용이기도 하다.[110] 또 민법 제306조는 중화민국 민법 제915조 제1항과 제917조 제1항을 합친 규정이지만, 그 내용은 우리의 관행 그대로이다.[111] 또 중화민국민법 및 만주민법의 전권에 관한 규정 중 제정민법이 받아들이지 않은 규정들을 살펴보아도 전세권이 전권에서 유래한 것이라고 보기는 힘들다고 생각한다. 예를 들어 중화민국민법 제923조, 제924조, 만주민법 제300조, 제301조, 제305조는 전권의 기간 만료시 전권 설정자가 전가(典價)를 지급하지 못할 경우 전권자가 소유권을 취득하도록 하고 있는데, 이는 전세권과의 큰 차이점 중 하나라고 할 수 있다.

그러므로 제정민법의 전세권에 관한 규정은, 비록 우리의 관습상의 전세만이 아니라 일제시대에 전세계약 체결 시 저당권을 함께 설정하던 것[112]도 고려한 입법이기는 하지만,[113] 주로 우리 관습상

110) 鄭肯植, 앞의 책《國譯 慣習調査報告書》, 288-289면; 京城帝國大學社會調査部法律學班, 위의 글, 55면 참고.

111) 鄭肯植, 위의 책《國譯 慣習調査報告書》, 290면; 吉田平治郎, 앞의 글, 14-15면; 京城帝國大學社會調査部法律學班, 앞의 글 〈傳貰慣行の實證的硏究 3〉, 59면 및 61면 등 참고.

112) 京城帝國大學社會調査部法律學班, 위의 글 〈傳貰慣行の實證的硏究 1〉, 59-60면 참고.

의 제도를 성문화한 것으로서 우리 민법 특유의 독창적인 제도라고 평가할 수 있을 것이다.

(3) 채권적 전세에 관한 규율의 누락

앞서 본 것처럼 민법전편찬요강은 당시의 전세관행을 임대차의 일종으로 규율하고자 하였지만, 민법초안은 이를 물권의 일종으로 기안하였고, 이것이 제정민법의 태도가 되었다. 다만 당시 국회에서의 논의를 보면, 입법자는 여전히 채권적 전세도 행하여질 것을 예상하고 있었다는 것을 알 수 있다. 예를 들어, 전세권에 관한 국회의 토론 중에 민법안심의소위원회 위원장이자 법제사법위원장 대리였던 장경근 의원은 물권으로서의 전세권 제도를 반대하는 현석호 의원의 발언에 대해, "만일의 경우에 전세할 적에는 집을 빌릴 적에는 물권밖에는 방도가 없다는 전제라면 현석호 의원이 말씀하시는 것 같이 여러 가지 불리한 점도 있습니다. 그러나 우리나라로서는 법제도로서는 두 가지… 물권에 의하는 방법, 채권에 의하는 방법 두 가지로 나눠서 당사자가 자유 선택하도록 하는 것이 조금도 나쁘지 않다고 생각합니다. 또 이렇게 해야 나는 되리라고 생각합니다"[114]라고 하고 있다. 그리고 이에 대해 안준기 의원의 "당사자 간의 합의에 의해서 이것을 채권적인 보호를 받을 수 있는 경우가 있고 또 물권적인 보호를 받을 수 있는 두 길을 넣는 것이 오히려 현

---

113) 예를 들어 제정민법 제318조는 저당권에 관한 의용민법 제387조의 영향을 받은 것으로 보아야 할 것이다. 김병로 대법원장의 국회에서의 발언을 보아도, 당시에 저당권을 함께 설정했던 것을 고려한 입법임을 알 수 있다(〈제26회 국회정기회의속기록 제30호〉, 국회사무처, 1957.11.6, 7면 참고).

114) 〈제26회 국회정기회의속기록 제48호〉, 국회사무처, 1957.11.28, 3면.

실에 맞다"[115]는 지지의견과, 김달호 의원의 "전세권을 새로 물권으로 신설하느냐 안하느냐 하는 문제에 대해서는… 본의원도 법전편찬위원회에서 여러 전문가와 같이 장시일 동안 검토를 했던 것입니다… 당사자의 의사에 좇아 가지고 채권적 성격을 띠우게 하려면 그렇게 해 두는 것이고 좀 더 나아가서 강력한 물권적 보호를 받기 위해서는 이와 같은 전세권이라고 하는 물권을 신설하는 것이 차가인 등으로 하여금 더 보호할 수 있다 이와 같은 것을 우리는 예견해 가지고 그래서 이것을 초안에 집어넣었던 것입니다… 만약 그 계약내용에 있어서… 등기를 하지 않고 전세계약을 해 가지고 그것이 물권으로서 성립이 못된다 하는 경우에도 그때는 아마 임차계약으로 해석할 그런 여지가 있는 것입니다"[116]라는 지지의견 속에 물권으로서의 전세권이 입법되었다는 것을 확인할 수 있다.

이러한 점을 볼 때 입법자는 물권으로서의 전세권에 관한 규정을 두어도, 그와 별도로 채권으로서의 전세계약이 행하여질 것이라는 점을 분명히 인식하고 있었다고 할 수 있다. 그러나 그러한 채권적 전세를 어떻게 규율할 것인지에 대해서는 별도의 규정을 두지 않았고, 이에 대해 한 편으로 채권적 전세는 채권의 성질에 반하지 않는 한 물권으로서의 전세권에 관한 규정이 유추적용될 것[117]이라고 하기도 하고, 다른 한 편으로는 채권적 전세가 임대차계약이나 임대차계약에 유사한 무명계약[118]이라고 해서, 어떻게 규율해야 할

115) 〈제26회 국회정기회의속기록 제48호〉, 국회사무처, 1957.11.28, 5면.
116) 위의 글, 5면.
117) 《민법안심의록》, 183면.
118) 〈제26회 국회정기회의속기록 제48호〉, 국회사무처, 1957.11.28, 3면의 장경근 의원 발언 참고.

것인지에 대해 혼란을 낳게 되었다.

3. 소결

도입과정에서 많은 반대가 있었음에도 제정민법은 '이용권의 강화'라는 측면에서 전세권을 물권화하였다. 그리고 물권으로서의 전세권이 도입된 후 학계에서는 다소의 난색을 보이면서도 그것을 하나의 기정사실로 보는 체념에서인지 전세권의 장점을 발견하고, 현행법의 테두리 안에서 적극적인 면을 찾으려는 노력을 보여 왔다.[119] 전세권에 관한 규정을 도입할 때 주로 참고했던 외국의 입법례에 대한 분석이라든지, 과거의 전세 관행에 대한 조사 등은 그러한 노력의 하나일 것이다. 이는 어떤 법제도가 제도사적으로 또 비교법적으로 변종이라고 해서 그것이 곧 입법적 오류라고 평가할 수는 없으며, 나름의 법률논리와 체계정합성을 가진다면 독자적인 법제도로서 발전적으로 형성되어 정착되어야 한다[120]는 점에서 타당한 태도라고 생각한다.

그러나 전세에 관한 입법 당시의 상황을 보면, 전세계약을 체결할 때에는 전세계약 외에 저당권을 설정하거나 보증인을 세웠던 것[121]

---

119) 郭潤直, 〈傳貰權制度에 대한 若干의 考察〉, 《서울대학교 法學》 제3권 제2호, 1962, 267면.

120) 金奎完, 〈不動産占有取得時效의 要件과 效果—判例理論의 批判的 再構成〉, 《안암법학》 제14호, 2002, 204면.

121) 京城帝國大學社會調査部法律學班, 앞의 글 〈傳貰慣行の實證的研究 1〉, 60면. 해방 이후 전세에 관한 내용이 언급되는 최초의 판결로 보이는 대법원 1954.3.10. 선고 4287민상216 판결도, "전세계약으로 인한 전세금반환채무의 담보로서의 저당권설정등기를 경유"한 사안에 관한 것이다. 이 판결은 판결 이유 중에 "근래 전세계약에 관하여 왕왕 저당권설정등기를 이용함은 성문법 없

으로 볼 때, 당시의 전세에 대한 관념은 이미 채권적인 것이 되어 있었다고 할 수 있을 것이다. 그리고 물권으로서의 전세권을 도입하려 한 입법자조차 이미 예견하고 있었던 것처럼 채권적 전세는 실제로 실생활에서 여전히 많이 행하여지고 있다. 그럼에도 불구하고 채권적 전세의 내용이 어떠한지에 대해 명백한 법적 규율이 이루어지지 않은 것은 균형을 잃은 입법이었다고 할 수밖에 없을 것이다.[122)]

제3절 전세에 관한 법 개정

1. 1981년의 주택임대차보호법 제정

1958년 민법 제정 당시부터 물권으로서의 전세권은 많이 이용되지 않을 것으로 예상되었는데,[123)] 예상대로 등기를 해야 하는 물권적 전세권보다 채권적 전세가 주로 이용되면서, 민법 제정 당시 "이용자의 지위를 굳게 보장"[124)]하려 했던 것은 무위로 돌아가게 되었다. 그리고 이에 따라 전세입주자의 보호 문제가 심각하게 사회문제가 되고 있었다. 이는 주로 "매매는 임대차를 깨뜨린다"라는 법

는 전세를 공부상에 등록하기 위한 당사자 간의 형식적 방편"이라고 한다.

122) 郭潤直, 《物權法》(新訂版), 博英社, 1996, 456면.

123) 崔栻, 《新物權 · 擔保物權法》, 博英社, 1960, 251면; 民議院 法制司法委員會 民法案審議小委員會, 앞의 책 《民法案審議錄》(上卷), 183면 등 참조.

124) 張庚鶴, 앞의 글 〈物權法에 있어서 現代的인 課題〉, 28면.

언이 의미하는 바와 같이, 채권적 전세에 의한 세입자가 물권을 새로 취득한 자, 예컨대 매매나 경매에 의하여 당해 전세 목적물의 소유권을 취득한 자에게 자신의 전세계약에 따른 목적물의 사용 · 수익권을 주장할 수 없게 된다는 점 때문에 발생하는 문제였다.[125)]

당시의 신문기사를 찾아보면 이 문제의 심각성을 쉽게 느낄 수 있는데, 예를 들어 남의 집에 세들어 살다 자기도 모르는 새 집주인이 바뀌는 바람에 전세금도 받지 못하고 쫓겨나는 경우에 관해서 서울민사지방법원에서만도 하루에 몇 건씩 판결이 나왔다고 하고,[126)] 서울지방검찰청에 접수된 한 해 민원 1만 2건 중에 전세금을 돌려받게 해 달라는 민원이 2천 1건으로 20%에 이른다고 한다.[127)]

이와 같은 상황에서 "주택의 임대차에 관하여 민법에 대한 특례를 규정함으로써 무주택국민의 주거생활의 안정을 보장하고 임차인의 불편을 해소함은 물론 그 임차권을 보호하여 안정된 임차생활을 영위할 수 있도록"[128)] 하기 위하여 1981년 3월 5일 법률 제3379호로 '주택임대차보호법'이 제정되어 당일부터 시행되었다.

다만 이 법은 기본적으로 주거용 건물의 '임대차'를 대상으로 하고 있기 때문에(주택임대차보호법 제1조 참고), 채권적 전세에 이 법이 적용되는지에 대해서는 논란의 소지가 있었다. 물론 채권적

---

125) 이러한 문제는 최근에도 이른바 '깡통아파트' 내지 '깡통전세'의 문제로 다시 심각한 사회문제가 되고 있다. 이에 대해서는 "통계로 확인된 '깡통전세의 공포' … 치솟는 전세 59% 대출로",《머니투데이》2014.02.14. 기사 <http://www.mt.co.kr/view/mtview.php?type=1&no=2014021315443368548&outlink=1> 참고.

126) "法認識 부족 … 전세금 被害 잦아",《동아일보》1974.05.28. 7면 기사 참고.

127) "傳貰入住者 保護제도 시급",《조선일보》1980.12.26. 6면 기사 참고.

128) 국가법령정보센터 '주택임대차보호법' 제정이유 <http://www.law.go.kr/lsInfoP.do?lsiSeq=60308&lsId=&efYd=19810305&chrClsCd=010202&urlMode=lsEfInfoR&viewCls=lsRvsDocInfoR#0000> 참고.

전세의 성질에 대해 일반적인 견해는 임대차로 보고 있었고, 판례 또한 채권적 전세에 주택임대차보호법을 적용하고 있었지만,[129] 더욱 명백히 규정하는 것이 바람직하겠다는 의견에 따라 1983년 12월 30일 법률 제3682호로 제12조를 신설[130]하여 1984년 1월 1일부터 시행하였다.

2. 1984년의 민법 개정

주택임대차보호법이 제정 · 개정되어 시행됨에 따라 채권적 전세 입주자의 보호 문제는 어느 정도 해결이 되는 것처럼 보였지만, 채권적 전세가 물권적 전세보다 오히려 더 보호받는 문제점이 생겼다. 그리고 전세권 외의 다른 제도들도 민법 시행 20년이 넘어가면서 몇 가지 문제점들이 드러났다. 이에 1984년 4월 10일 법률 제3723호로 민법 개정이 이루어졌는데, 전세권과 관련된 개정이유를 보면 "건물전세권자의 투하자금회수를 위한 제도적 장치를 마련함으로써 국민생활의 불편을 덜고 타인소유건물이용자의 권리를 보호하려는 것"[131]이라고 하고 있다.

---

129) 대법원 1984.2.14. 선고 83다카2131 판결 참조. 이 판결은 채권적 전세에 대해서도 1983년 개정되기 전 주택임대차보호법이 적용되는 것을 전제로, 주택임대차보호법 시행전에 경료된 가등기에 기하여 그 뒤 본등기를 경료한 자에게 대항할 수는 없다고 판시하였다.

130) 이에 대해 개정과정에서 법원안은 주택임대차보호법 제2조(적용범위)의 개정을 통해 채권적 전세에 적용됨을 명백히 하는 것이 바람직하다는 의견이었다(윤대성, 앞의 책, 299-300면 참고).

131) 국가법령정보센터 '민법' 개정이유 <http://www.law.go.kr/lsInfoP.do?lsiSeq=58433&lsId=&efYd=19840901&chrClsCd=010202&urlMode=lsEfInfoR&viewCls=lsRvsDocInfoR#0000> 참고.

이에 따라 다음과 같은 내용을 개정하였다: ① 전세금반환청구권에 우선변제적 효력을 인정함(제303조 제1항 후단); ② 건물전세권에 관하여 최단존속기간을 신설함(제312조 제2항); ③ 건물전세권에 법정갱신제도를 도입함(제312조 제4항); ④ 전세금증감청구권을 신설함(312조의2).

이 중 ②-④는 주택임대차보호법의 신설에 따라 채권적 전세를 물권적 전세권보다 더 보호하게 된 문제를 해결하기 위한 것이고, ①은 민법제정 이래 줄곧 학설 대립이 있어 온 문제를 입법적으로 해결한 것이라고 할 수 있다.[132] [133]

3. 그 후로 지금까지

1984년의 민법 개정 이후로 전세와 관련된 입법으로는 주택임대차보호법이 몇 번 개정되었을 뿐, 민법에 관한 개정은 이루어지지 않았다.[134] 이에 법무부는 2009년 2월 4일 새로 민법개정위원회를 출범시켜 민법의 전면 개정작업에 착수하였다.[135] 이번 개정작업은 2009년 1단계로 "민법총칙 및 그와 관련된 물권 및 채권편(계약법)

---

132) 郭潤直 편/朴炳大 집필, 앞의 책, 159면.

133) 1984년의 민법 개정 과정에 대한 상세는 윤대성, 앞의 책, 285-313면 참고.

134) 민법 재산편의 전면적인 개정을 위해 법무부는 이미 1999년 2월 5일 '민법개정특별분과위원회'를 구성한 바 있고, 그 결과물이 5년여의 노력 끝에 2004년 10월 21일 개정안으로 국회에 제출되기도 하였지만, 몇 가지 이유로 이 개정안은 국회 본회의에는 상정되지도 못한 상태로 17대 국회의 회기 종료로 자동 폐기되어 버렸다. 이에 대해서는 金龍潭 편/鄭鍾休 집필, 《第4版 註釋民法總則(1)》, 韓國司法行政學會, 2010, 58면 참고.

135) 《법률신문》 2009.2.7. 기사 <http://www.lawnews.co.kr/LawNews/News/NewsContents.aspx?serial=45195&kind=>참고.

일부 법제"의 정비, 2010년 2단계로 "채권총론 및 불법행위법 관련 법제"의 정비, 2011년 3단계로 "물권편 및 그와 관련된 법제"를 정비한 뒤 2012년 "보완개정 작업"을 거쳐 민법 전면개정을 마무리할 계획[136)]으로 시작되었는데, 여러 가지 사정으로 인하여 계획보다는 늦어지고 있지만, 이미 그 개정작업의 일환으로 2011년 3월 7일 법률 제10429호에 의해 "성년후견제 도입 및 성년 연령 하향"을 주된 내용으로 하는 민법개정이 이루어지기도 하였다.

그중 전세권에 관하여는, 2013년 7월에 법무부에서 발간한 《2013년 법무부 민법개정시안》에는 아직 논의 중이라고만 소개되어 있지만,[137)] 2015년 2월 현재 개정시안이 완성된 상태이다.

제4절 채권적 전세에 관한 검토

채권적 전세란, 타인의 건물에 대하여 일정한 사용대가를 지급하고 그 건물을 사용하는 방법 중 하나로서 매월 정기적으로 차임을 지급하는 월세와 달리 일시에 다액을 지급하고 그에 대한 이자와 차임을 상계하도록 하는 것을 의미한다. 이러한 채권적 전세에 대해서는 그 내용이 어떠한지에 대해 명백한 법적 규율이 이루어지지 않았기 때문에 이를 어떻게 규율해야 하는지에 대해 다양한 견해가

---

136) 법무부 민법개정위원회 홈페이지 <http://www.minbub.or.kr/> 홍보자료 1(2009. 4. 16. 등록) "보도자료(민법개정위원회 출범)", 10면 참고.

137) 법무부 민법개정자료발간팀 편, 《2013년 법무부 민법개정시안》, 민법개정총서 6권, 2013, 112-116면 참고.

주장되고 있다.

1. 채권적 전세의 법적 성질

(1) 특수한 임대차라는 견해

채권적 전세의 법적 성질을 어떻게 보아야 하는지에 대해 종래의 다수설인 1설은, 차임의 지급방법이 보통의 임대차와 다른, 특수한 임대차라고 한다.[138] 다만 그 논거를 검토해 보면, 종래의 전세에 관한 관습이 물권성을 취득하지 못한 하나의 채권계약에 지나지 않았고, 민법 제정 당시에 물권으로서의 전세권 제도를 신설하였을 뿐 채권적 전세에 대해서는 그 규율을 포기하고 거래 관행에 맡겼다는 점을 들 뿐이다.[139] 한편 이 견해를 취하는 분들은 대부분 채권적 전세에 대한 구체적인 적용법조가 무엇인지에 대해서는 별다른 논의를 하지 않고, 단순히 주택임대차보호법 제12조 및 상가임대차보호법 제17조가 적용된다는 점을 언급하는데 그치는 것이 일반적이다.[140]

(2) 등기 없는 전세권이라는 견해

2설은 미등기전세[141]를 전세권과 동일한 실체관계로서 오직 등기

---

138) 郭潤直, 《債權各論》, 博英社, 1995, 393면; 金亨培, 《債權各論》, 博英社, 2001, 527면 등.

139) 郭潤直, 위의 책, 393면; 金亨培, 위의 책, 527-528면.

140) 郭潤直, 위의 책, 394면; 李德煥, 앞의 책, 373면.

141) 이러한 견해를 취하는 분들은 채권적 전세라는 표현에 대해 비판적이며, 채권적 전세 대신 미등기전세라는 표현을 사용한다(金龍潭 편/朴淳成 집필, 앞의 책 《註釋民法 物權(3)》, 229면; 尹大成, 앞의 책, 378면 이하).

만을 갖추지 않은 것이며, 그 권리관계의 실질은 등기가 없는 점을 제외하고 물권으로서의 전세권과 다르지 않다고 한다.[142)] 즉 물권으로서의 전세권이 종래의 전세 관습을 바탕으로 입법화한 것이므로 종래의 전세 관습과 물권으로서의 전세권은 동일한 실질을 갖는다는 것이 타당하고, 종래의 전세 관습이 현재 남아 있는 것이 미등기전세이므로 결국 물권으로서의 전세권과 미등기전세는 동일한 실질을 갖는다는 것이다.[143)]

이 견해에 따르면, 미등기전세는 이미 일정액의 전세금이 지급되고 목적물인 부동산의 인도가 이루어졌다는 점과 오직 등기만이 이루어지지 않은 상태의 법률관계임을 보면 미등기전세를 채권계약으로 보는 것은 무리라고 하면서, 미등기전세에 대해서는 원칙적으로 민법의 전세권에 관한 규정을 유추적용해야 하며, 다만 등기를 갖추지 못하였으므로 그 대항력에 관한 규정만을 적용할 수 없다고 한다.[144)] 그런데 그 논거를 살펴보면, 이 견해는 기본적으로 전세제도를 가사전당에서 유래하는 담보물권의 성질을 갖는 것으로 보면서, 일제강점기에 전세를 채권관계로 파악한 것은 당시의 관습조사가 왜곡된 것이기 때문이라는 점을 바탕으로 하고 있다.[145)] 이 견해는 이러한 관점에서 궁극적으로 미등기전세는 전세권으로 일원화하여 구성해야 하며, 주택임대차보호법 제12조 및 상가임대차보호법 제17조는 동일한 연원을 가진 전세제도를 법적으로 완전히 이중

142) 金龍潭 편/朴淳成 집필, 앞의 책, 229면; 尹大成, 앞의 책, 377면.
143) 金龍潭 편/朴淳成 집필, 위의 책, 383면.
144) 金龍潭 편/朴淳成 집필, 위의 책, 232-235면; 尹大成, 위의 책, 382면.
145) 金龍潭 편/朴淳成 집필, 위의 책, 225면 및 234면; 尹大成, 위의 책, 377면.

구조화한 불비한 입법이라고 비판하기도 한다.[146)]

(3) 비전형계약이라는 견해

3설은, 채권적 전세를 등기 없는 전세권이라고 보는 견해에 대해서, 민법 제186조에 비추어 채권적 전세를 그 자체 물권이라고 할 수는 없고, 등기를 하지 않은 이상 당연히 채권관계에 머무는 것이 분명하다고 한다.[147)] 다만 종래의 다수설에 대해서는, 전세제도는 연혁이나 사회적 기능으로 볼 때 서구의 법제를 계수하여 규정한 전형계약으로서의 임대차와는 사뭇 다르고, 그 계약의 내용 역시 순수한 임대차와는 다른 특색을 지닌 우리 고유의 법제라고 할 수 있으므로, 비록 등기를 갖추지 못하여 물권으로는 성립하지 못한 미등기전세라고 해도 이를 단순히 차임지급방법만이 특수한 임대차라고 규정하는 것은 우리 생활 속의 관습상 제도를 전체로서 있는 그대로 수용하지 않고 어느 한 전형계약의 틀 속에 꿰어 맞추려는 해석이라고 비판한다.[148)] 따라서 채권적 전세는 낙성계약, 쌍무계약, 유상계약으로서 일종의 비전형계약이라는 것이다.[149)]

이 견해에 따르면, 채권적 전세의 법률관계에는 전세권에 관한 규정을 우선적으로 유추적용하되 그중 물권으로서의 특성에 기한 규정들은 당연히 그 적용이 배제될 것이며, 2차적으로는 채권 편의 전형계약 중 전세에 가장 가까운 전형계약인 임대차에 관한 규정이 유추적용될 수 있지만, 전세제도의 본질에 어긋나는 규정은 그 적

---

146) 尹大成, 앞의 책, 383-384면.
147) 郭潤直 편/朴炳大 집필, 《民法注解[VI]》, 博英社, 1992, 163면.
148) 위의 책, 162면.
149) 위의 책, 163면.

용이 배제되어야 한다고 한다.[150] 그리고 이에 따라 민법 제303조 후단의 우선변제권에 관한 규정이나 법정지상권에 관한 민법 제305조, 양도 · 전대 등 처분의 자유를 부여하고 있는 민법 제306조, 경매청구권에 관한 민법 제318조 등은 채권적 전세에 적용될 수 없는 규정들이라 하겠지만, 나머지 전세권에 관한 규정들은 대부분 채권적 전세에 유추적용될 수 있는 규정들이라고 한다. 또 임대차에 관한 규정들 중에서는 민법 제633조나 민법 제640조는 전세제도의 본질에 어긋나는 것이어서 적용될 수 없고, 민법 제621조 역시 민법이 전세권에 관한 규정을 두고 있는 이상 적용되지 않는다고 보아야 하지만, 민법 제629조와 같은 규정은 채권적 전세에 적용될 수 있는 대표적 규정이라고 한다.[151]

(4) 검토

위의 견해들 중 2설과 3설은 현행 민법의 전세권에 관한 규정이 관행상 이용되고 있는 미등기전세의 내용을 그대로 정리 · 성문화하고 이에 등기라는 공시방법을 추가하여 물권으로 규정한 것이므로, 전세권과 미등기전세가 그 뿌리에 있어 전혀 동일한 제도라고 보는 점[152]에서는 공통된다. 다만 2설은 그 실체에 주목하고 있고, 3설은 형식상 등기가 없는 이상 이를 물권으로 볼 수는 없다는 점에 주목하고 있을 뿐이다. 그 결과 채권적 전세에 대해 원칙적으로 전세권에 관한 규정에 의해 규율해야 한다고 보는 점도 같다.

---

150) 郭潤直 편/朴炳大 집필, 앞의 책, 163면.

151) 위의 책, 163면.

152) 金龍潭 편/朴淳成 집필, 앞의 책《註釋民法 物權(3)》, 231면; 郭潤直 편/朴炳大 집필, 위의 책, 162면; 尹大成, 앞의 책, 383면.

그러나 물권으로서의 전세권에 관한 규정이 입법 당시의 전세에 관한 관습을 바탕으로 입법된 것은 분명하지만, 관습은 시대에 따라 변할 수 있다는 점에서 종래의 전세에 관한 관습이 현재의 미등기전세에 의한 법률관계와 동일한 내용인지에 대해서는 더 깊은 탐구가 필요하다고 생각한다. 오히려 종래 다수의 관행이 소액의 전세금으로 일개의 건물의 일부를 주거용으로 빌려 사용하던 것에서 나아가 도시지역의 아파트 등에서 흔히 보듯이 주거용의 경우에도 일개의 건물 전부를 세 얻는 경우가 많아졌고,[153] 전세에 관한 관행이 통상적으로 100일 내지 1년의 단기간에 행하여진 것[154]에 비해 현재의 미등기전세는 그보다는 장기간으로 행하여지는 것이 일반적이며, 또 종래의 전세관행이 예외없이 전세의 양도 또는 전대에 대해 소유자의 승낙이 필요 없다고 했던 것과 달리 현재의 미등기전세는 소유자 내지 임대인의 동의가 없으면 양도, 전대를 할 수 없다는 점[155] 등에 비추어 볼 때 현재의 채권적 전세가 입법 당시의 전세관행과 완전히 동일하다고는 할 수 없을 것이다. 이런 점에서 볼 때 현재의 채권적 전세에 대해 전세권과 동일한 실체관계를 갖는다고는 할 수 없다고 생각한다.

특히 최근 전세금이 급등하면서 채권적 전세를 보증부 월세, 이른

153) 郭潤直 편/朴炳大 집필, 앞의 책, 153면.

154) 정긍식, 앞의 책《國譯 慣習調査報告書》, 289면 및 京城帝國大學社會調査部法律學班, 앞의 글〈傳貰慣行の實證的硏究 3〉, 55면 참고.

155) 2설은 종래의 전세와 미등기전세가 모두 소유자(임대인)의 동의 없이 양도, 전대를 할 수 없음이 원칙이라고 하고 있지만(金龍潭 편/朴淳成 집필, 앞의 책《註釋民法 物權(3)》, 230-231면), 종래의 전세에 대해 소유자(임대인)의 동의가 필요하다는 것은 오역에 근거한 것이다(이 책 제2장 제1절 2. 전세에 관한 관습 조사 부분 참고).

바 반전세로 바꾸는 경우가 많이 발생하고[156] 또 이른바 "깡통아파트"가 늘어나면서 전세를 보증부 월세로 바꾸도록 유도하는 것이 정책적으로 권장되기까지 하는데,[157] 이러한 경우에 그 대금을 지급하는 방법이 변하는 것 외에 실질적인 법률관계가 바뀐다고 하기는 곤란하다. 즉 보증부 월세에 대해서는 임대차에 관한 규정이 적용되는데, 전세에 대해서는 전세권에 관한 규정이 유추적용된다고 하면, 동일한 인물이 동일한 목적으로 동일한 주택에 거주하면서 다만 그 대금지급방법이 바뀌었다는 것만으로 그에 관한 법적 규율이 바뀌는 문제가 발생한다. 이러한 규율이 타당하다고 하기는 힘들 것이다. 따라서 현재 활용되는 채권적 전세는 그 목적물이용관계와 관련해서는 기본적으로 민법상 임대차계약에 해당한다고 하는 것이 타당하다고 생각한다.

다만 채권적 전세를 단순히 임대차계약에 해당한다고 하면, 그 목적물의 이용관계에만 주목한 것이 되어, 전세금과 관련해서 발생하는 전세제도의 소비대차적 요소를 외면한다는 비판[158]을 받을 수밖에 없다.

따라서 채권적 전세는 그 목적물의 이용과 관련해서는 임대차에

---

156) "세입자 속탄 2011년, 반전세 · 월세 전환 늘어", 2011년 12월 30일 《머니투데이》 기사<http://www.mt.co.kr/view/mtview.php?type=1&no=2011123013094527245&outlink=1> 및 "이러니 집 구하기 힘들지", 2012년 8월 14일 《아시아경제》 기사 <http://view.asiae.co.kr/news/view.htm?idxno=2012081408363307222&nvr=Y> 등 참고.

157) "전세→'반전세' 전환 많아야 전세시장 안정된다", 2011년 11월 30일 《아시아경제》 기사 <http://view.asiae.co.kr/news/view.htm?idxno=2011113009585949700&nvr=Y> 및 "깡통 아파트 시대에 전세제도 손질해야", 2012년 7월 10일 《중앙일보》 사설 <http://article.joinsmsn.com/news/article/article.asp?total_id=8708234&cloc=olink|article|default> 등 참고.

158) 郭潤直 편/朴炳大 집필, 앞의 책 《民法注解[VI]》, 162면.

해당하고, 전세금의 지급 및 그 반환과 관련해서는 소비대차에 해당하는, 임대차와 소비대차의 결합계약이라고 보는 것이 타당하다고 생각한다. 이러한 정의는 사실 전세에 관한 종래의 관습조사에서도 이미 밝혀진 것으로 지금도 일반적으로 인정되고 있는 것이기도 한데,[159] 그렇다면 그 적용 법조에 있어서도 목적물의 이용과 관련해서는 임대차의 규정이, 전세금의 지급 및 그 반환과 관련해서는 소비대차의 규정이 적용된다고 하는 것이 타당할 것이다.

2. 채권적 전세의 장래

몇 년 전까지 우리나라 주택가격은 일시적 부침은 있었으나 '부동산 불패'라 불릴 만큼 지속적으로 상승하였다. 일반 직장인이 몇 년을 모아야 만질 수 있는 금액을 주택을 통해 일시에 벌 수 있던 시절이었다. 전세를 주어 목돈을 받고, 여기에 은행 차입금을 합하여 새로운 주택을 사서 매각 차익을 남기고 팔고, 또 다른 주택을 구입하는 것이 가장 성공적인 재테크였던 것이다.[160] 이러한 상황은 '전

159) 다만 일제강점기의 관습조사에 따르면, 정확히는 "임대차와 소비임치"의 결합계약이라고 하였다(京城帝國大學社會調查部法律學班, 앞의 글 〈傳貰慣行の實證的硏究 1〉, 55면). 그러나 《民法案審議錄》(上卷), 183면에서 "임대차와 소비대차"의 결합체라고 한 후로는 이러한 표현이 사용되는 것이 일반적이다(金曾漢, 《新物權法》(下卷), 法文社, 1961, 448면; 張庚鶴, 《新物權法各論》(上卷), 서울考試學會, 1959, 78면; 郭潤直, 앞의 책 《物權法》(新訂版), 453면 등). 이러한 표현의 변화가, 원래의 전세관행에서는 전세입자 측에서 가옥소유자에게 전세금을 맡긴다는 측면을 중요하게 생각했다가, 민법 제정 당시에는 가옥소유자 측에서 전세입자에게 전세금을 빌린다는 측면을 중요하게 생각했기 때문에 생긴 변화인지는 알 수 없다. 다만 민법 제702조가 소비임치에 대하여 소비대차의 규정을 준용하는 이상 그 법적 성질을 어떻게 파악한다고 해도 결과는 같다고 할 것이다.

160) 김우진, "주택시장의 실패", 《건설경제신문》 2014.1.27. 시론 <http://www.

세'라는 우리나라 특유의 제도가 그 기반이 되었다. 즉 소유자로서는 해당 주택을 사용하는 것보다 매각 차익에 주된 관심이 있었기 때문에 은행 등 금융권으로부터 돈을 빌리면서 이자를 지급하는 것보다는 차라리 세입자에게 해당 주택을 사용할 수 있도록 하되 무이자로 거액의 돈을 빌리는 것이 더 유리하였다고 할 수 있다. 또 세입자로서는, 일시에 거액의 돈을 소유자에게 지급해야 한다는 부담이 있기는 해도 월세보다 전세금의 이자가 훨씬 낮았기 때문에[161] 돈을 빌려서라도 월세보다는 전세를 활용하려고 했다.

그러나 이러한 상황은 한편으로, 전세제도가 주택가격이 지속적으로 급등한다는 것을 전제로 해서만 유지될 수 있는 제도라는 것을 보여주는 것이라고 할 수 있다. 즉 2008년의 글로벌 금융위기 이후로 집값이 하락세에 접어들면서 이른바 '부동산 불패론'이 종적을 감추었고, 최근 전세제도가 (최소한) 중 · 장기적으로 소멸할 것이라는 주장들까지 제기되는 것[162]은 당연한 논리적 흐름이라고 할 수 있다. 이러한 상황에서 관심을 가지고 연구해야 할 부분은, 어떻게 채권적 전세라는 제도를 계속 유지해 나가야 할 것인가가 아니라, 이 제도가 경제적 관점에서 점차 소멸한다고 할 때, 그때까지 어떻게 운용되고 입법적으로 보완되어야 하는지 연구하는 것이라

---

cnews.co.kr/uhtml/read.jsp?idxno=201401241727088960638>.

161) 주택임대차보호법 제7조의 2 및 주택임대차보호법시행령 제9조에 따르면 전월세 전환율의 상한선을 기준금리의 4배수 또는 1할 중 낮은 값으로 규정하고 있다(2014년 10월 15일 이후로 현재 한국은행의 기준금리는 2%이므로 현재의 상한선은 8%라고 할 수 있다). 이는 한편으로 전세금 이자가 월세에 비해 4분의 1가량인 것으로 이해할 수 있을 것이다.

162) "전세의 종언, 그 예고된 비밀", 《헤럴드경제》 2013.8.30. 기사 <http://news.heraldcorp.com/view.php?ud=20130827000918&md=20130830160830_AT> 참고.

고 할 수 있다. 예를 들어 전세물량을 늘리려는 시도는 전세난민 구제를 위해 어느 정도 필요한 정책일 수는 있지만, 현 상황에서는 '밑 빠진 독에 물 붓기'일 수 있다는 것도 유념할 필요가 있으며, 전세금 상승에 대해 전세금 상승분을 대출해 주는 방향의 정책은 전세 문제의 해결책이 될 수 없을 뿐만 아니라 장기적으로는 오히려 위험하기까지 하다. 국제금융기구인 IMF(국제통화기금)도 한국 보고서를 통해 우리나라의 전세제도가 금융권의 구조적인 위험 요인이 될 수 있다고 경고하기까지 한 점[163)]을 유의해야 할 것이다.

전세제도가 계속 유지되어야 한다는 주장은 대체로 다음과 같은 점을 근거로 한다. 즉 월세는 전세보다 주거비 부담이 훨씬 크다. 때문에 저소득층 세입자들의 부담은 더욱 커질 수밖에 없다. 따라서 극단적으로 말하면 월세 사는 세입자는 계속 월세를 살면서 가난이 반복되고 집을 소유한 집주인은 계속 부를 축적하는 악순환이 이어질 수 있다는 것이다.[164)] 또 전세로 거주하는 것에 비해 집을 구매하게 되면 취득세, 재산세 등 세금의 부담이 크다는 점도 전세를 선호하는 이유 중 하나라고 할 수 있다. 그러나 전자는 월세에 대한 정책을 통해 해결해야 할 문제이고, 후자는 세제 개혁을 통해 해결할 문제이다. 이러한 사실들이 전세제도가 유지되어야 하는 근거라고 할 수는 없다. 오히려 채권적 전세는 등기를 안 해도 되기 때문에 국세청의 감시망을 피할 수 있고, 이에 따라 상속 · 증여세 회피 수단

---

163) "IMF '한국 傳貰 위험한 수준… 月貰로 바꿔라' 경고", 《조선일보》 2014.2.11. 기사 <http://biz.chosun.com/site/data/html_dir/2014/02/10/2014021004137.html> 참고.
164) "'대책없는' 전세, 정부도 항복선언", 《머니위크》 제357호 기사 <http://www.moneyweek.co.kr/news/mwView.php?type=1&no=2014110620368054556&outlink=1> 참고)

으로 공공연히 활용되고 있다.[165)]

결국 채권적 전세는 장기적으로 소멸될 제도일 뿐만 아니라 그 소멸을 막기 위한 정책도 바람직하지 않다고 할 수 있다. 수요와 공급의 불일치에 의해 전세가는 계속 상승할 수밖에 없을 것이며, 매매대금에 취득세, 재산세 등 각종 세금을 더한 금액보다 전세가가 더 높아지는 시점이 되면 전세수요는 필연적으로 매매수요로 전환될 것이므로, 아무리 늦어도 그 시점에서는 결국 채권적 전세는 소멸될 수밖에 없다고 할 것이다.

---

165) "미친 전세 vs 고마운 전세", 《중앙일보》 2014.10.30. 기사 <http://article.joins.com/news/article/article.asp?total_id=16268319&cloc=olink|article|default> 참고.

제2장
현재의 전세권 제도

제1절 총설

I. 의의

전세권이란 전세금을 지급하고 타인의 부동산을 그의 용도에 좇아 사용, 수익하며, 전세권의 사용 · 수익권능이 소멸하면 그 부동산의 전부에 대하여 후순위권리자 기타 채권자보다 앞서 전세금의 우선 변제를 받을 수 있는 특수한 용익물권을 말한다(민법 제303조 1항 참고). 원래 제정민법 제303조 제1항은 "전세권자는 전세금을 지급하고 타인의 부동산을 점유하여 그 부동산의 용도에 좇아 사용 및 수익할 권리가 있다"[166]라고만 하여, 현행 민법과는 달리 우선변제권에 관한 언급이 없었다. 그러나 이에 대해서는 전세권에 대해

166) 명순구, 앞의 책《실록 대한민국 민법 2》, 327면.

경매청구권을 인정하면서도(제318조), 우선변제권을 인정하지 않는 점에 대해 민법 제정 이후 지속적으로 비판이 있었고, 이에 따라 1984년의 민법 개정에 의하여 전세권이 소멸된 후 전세권자는 전세금반환채권의 만족을 위하여 목적물 전부에 대하여 우선변제권을 가지도록 하는 내용이 추가되었다(303조 1항 후단).[167)]

II. 성질

1. 물권

우선 전세권은 채권적 전세와 달리 물권이다. 즉 전세권은 그 객체인 부동산을 직접적으로 지배하여 이익을 얻을 수 있는 배타적인 권리이지, 전세물을 사용 · 수익할 수 있도록 누군가에게 청구하는 권리가 아니다. 따라서 부동산소유자의 변경은 전세권의 운명에 아무런 영향을 주지 않는다.

또한 전세권은 물권이므로, 당연히 물권의 일반적 특질, 예컨대 양도성, 상속성, 담보성을 가진다. 따라서 전세권의 양도 또는 전세물의 전전세나 임대에 있어서 전세권자는 그 부동산소유자(전세권 설정자)의 동의를 받을 필요가 없다.

2. 타물권

전세권은 타인의 부동산에 대한 권리이므로, 이른바 타물권(他物

---

167) 우선변제권에 대해서는 해당 부분에서 상세히 서술하도록 하겠다.

權)이다. 다만 이는 원칙적인 설명에 불과하다. 예를 들어 전세권자가 목적물의 매수, 상속 등을 통하여 그 소유권을 취득할 경우 전세권은 혼동에 의하여 소멸하게 된다(민법 제191조 제1항 본문). 그러나 이러한 경우에도 전세권을 목적으로 한 저당권이 설정되어 있거나, 전세권보다 후순위인 저당권이 있는 경우에는 전세권은 소멸하지 않는다(민법 제191조 제1항 단서). 이처럼 예외적으로라도 자신의 부동산에 대한 전세권이 성립할 수 있으므로, 전세권이 항상 타물권이라고 하는 것은 정확한 표현은 아니다.[168)]

한편 전세권이 용익물권의 성질을 띤다는 점 때문에 인정되어야 하는 혼동의 특수한 예외도 있다. 예를 들어 전전세권자가 목적물의 소유권을 취득한 경우에 당사자 사이의 특약이 없는 이상 전전세권은 소멸하지 않는다고 하여야 한다. 왜냐하면 전전세권의 존속기간 동안 소유자가 된 전전세권자가 전세권자에 우선하여 목적물을 사용·수익할 수 있도록 해야 하기 때문이다.[169)]

3. 용익물권성과 담보물권성

(1) 문제점

전세권의 본질에 관한 논의의 중점은 전세권의 성질이 용익물권인지 아니면 담보물권인지에 관한 것이다. 이에 대한 논의는 일반적으로 1984년의 민법개정 이전의 논의와 그 이후의 논의로 나뉘어 서술되고 있다.[170)] 그 이유로 1984년 민법개정 시 전세금 반환채권

168) 郭潤直 편/朴炳大 집필, 앞의 책, 170면.

169) 郭潤直 편/朴炳大 집필, 위의 책, 170면.

170) 郭潤直 편/朴炳大 집필, 위의 책, 170-174면; 朴淳成, 〈傳貰權에 관한 判例의

에 대해 우선변제권을 인정한 것을 들고 있으며, 이로 인해 순수한 용익물권설은 입지를 잃었다고 하기도 한다.[171] 그러나 주택임대차보호법상 보증금에 대한 우선변제권이 인정(주택임대차보호법 제3조의2 제2항)된다고 해서 이 법상의 임차권을 담보물권으로 보지는 않는 것처럼, 우선변제권을 인정하였다고 해서 무조건 담보물권이라고 할 수는 없다고 생각한다. 따라서 아래에서는 현재 의미있는 논의에 한해서 민법개정 전후의 구분 없이 학설의 대립을 소개하도록 하겠다.

(2) 학설의 대립

가. 용익물권설

종래에 주로 소개되던 용익물권설은 1984년 민법 개정전에, 우선변제권이 인정되지 않는다는 점을 근거로 주장되던 견해이다. 이 견해는, "현행법의 해석상 전세권은 용익물권에 지나지 않는다고 하여야 할 것이다. 그러나 이러한 결론은 민법의 해석상 부득이하다는 것이지, 전세권을 이와 같이 규율하는 민법의 태도가 옳다는 것은 아니다. 전세권자에게 우선변제권을 인정하여야 할 필요성은 충분한 것이며…"[172]라고 하였다.[173] 우선변제권이 없음을 근거로

動向과 展望—傳貰權의 擔保物權性을 中心으로〉,《21世紀 韓國民事法學의 課題와 展望(心堂宋相現先生華甲紀念論文集)》, 博英社, 2002, 82-86면; 윤대성, 앞의 책, 313-344면 등. 이하 전세권의 용익물권성과 담보물권성에 대한 검토는 이홍민, 앞의 글 〈전세권의 본질과 전세금반환채권의 양도〉, 338-346면을 수정 · 보완한 것이다.

171) 朴駿緖 편/尹大成 집필,《註釋民法物權(3)》, 韓國司法行政學會, 2001, 204면.

172) 郭潤直,《物權法》, 博英社, 1963, 317면.

173) 그러나 한편으로는 "전세금을 전세권설정자가 이용하는 점을 특히 강조한다면 피담보채권이 있게 된다는 점은 정당하다고 할 수 있다"고 하여 담보물권

하였으므로, 1984년 전세권에 우선변제권이 인정된 이후로는 용익물권과 담보물권의 성질을 모두 가진다는 입장으로 견해를 바꾸기도 하였다.[174)]

이와 달리 전세권이 담보물권적 성질까지 가지고 있다고 하는 것에 대하여 온전히 반대하는 견해가 있다.[175)] 즉, 전세금반환채권은 전세권이 소멸되어야 비로소 발생하는데, 그 채권의 만족을 위하여 경매청구권과 우선변제권이 인정되었다고 해서 이미 소멸한 전세권이 담보물권으로서 존속할 수는 없다는 것이다. 그러므로 전세권이 담보물권으로서의 통유성인 부종성, 수반성, 물상대위성, 불가분성을 가진다는 설명은 부당하다고 한다. 이 견해에 의하면, 전세권이 담보물권의 성질도 가진다고 파악하는 견해는 제303조 제1항이 "전세권자는 … 그 부동산 전부에 대하여 … 전세금의 우선변제를 받을 권리가 있다"고 정하므로 전세권의 내용이 전세금의 우선변제를 받는 것으로 오해한 것으로 추측된다고 한다. 그러나 이 조문에서의 "전세권자"란 "전세권이 소멸됨으로써 전세금반환채권을 가지게 된 종전의 전세권자"를 의미하므로 우선변제를 받는 것이 전세권의 내용이라고 하기는 곤란하다는 것이다.[176)]

다만 이 견해는 경매청구권과 우선변제권에 대한 설명에서 다시 두 견해로 구분되는데, 1설[177)]은 이를 일종의 우선특권으로 파악하

의 성격을 완전히 부정하는 것은 아니다(郭潤直, 위의 책《物權法》, 314면).

174) 郭潤直,《物權法》(再全訂版), 博英社, 1985, 429면.

175) 梁彰洙,〈傳貰權〉,《考試界》1992년 3월호(통권 제421호), 1992, 95-96면.

176) 梁彰洙, 앞의 글〈傳貰權〉, 96면; 池元林,《民法講義》(제10판), 弘文社, 2012, 703면.

177) 梁彰洙, 앞의 글, 115면.

는 반면, 2설[178]은 용익물권으로서의 전세권이 소멸하면 전세금반환채권을 피담보채권으로 하는 담보물권으로 전환된다고 설명한다. 이와 같은 차이는 있지만, 민법상 전세권의 내용으로 인정되는 경매청구권과 우선변제권을 전세권 자체의 내용이 아닌 것으로 본다는 점에서는 기본적으로 같다고 할 수 있을 것이다.

나. 담보물권설

전세권을 순수한 담보물권으로 보는 견해도 있다. 이 견해에 의하면 전세제도의 연혁이나 관행으로 보아서 부동산소유자가 자기의 부동산 위에 전세권을 설정하여 부동산 가액의 5할 내지 7,8할이라는 고율로 전세금을 취득함은 자금융통의 수단으로서의 약정담보물권(질권, 저당권)과 그 기능상 다를 바가 없다고 한다.[179] 또 전세권에 있어서 동일 소유자에 속하는 토지와 건물 중, 건물에만 전세권을 설정한 후 토지소유자가 변경된 경우에 토지의 양도인(전세권설정자)에게 법정지상권을 인정하고 있는데(민법 제305조 제1항), 그것은 전세권의 객체인 건물의 사용가치보다 교환가치 혹은 담보가치를 보유하기 위한 것이라고 할 수 있다고 하면서,[180] 관습법으로서의 전세제도는 연혁적으로 조선 후기에 성행하였던 점유질로서의 담보제도인 가사전당(家舍典當)에 바탕을 두고 발전한 것으로서, 전세권의 목적물 사용 · 수익 권능은 담보물권인 부동산질의 속

---

178) 池元林, 앞의 책, 703면.

179) 尹大成, 〈傳貰權擔保物權論—未登記傳貰와 破産關係〉, 《現代民事法研究》(逸軒 崔柄煜教授 停年紀念論文集), 法文社, 2002, 117면.

180) 金基善, 〈傳貰權擔保物權論〉, 《白南檍博士 還曆記念論文集》, 法文社, 1975, 230-231면.

성에 의한 것이지 용익물권이기 때문은 아니라고 한다.[181] 특히 민법전 개정에 따라서 민법이 우선변제권을 명문화한 것은 전세권의 담보물권성을 입증한 것이라고 주장한다.[182]

다. 용익물권·담보물권 동위설

이 견해는, 전세권의 법적 성질에 관한 문제는 법조문의 엄격한 문리해석에 의할 것이 아니라 전세제도가 담당하는 사회적 기능에 입각하여 해결하는 것이 바람직하다고 하면서, 전세권에 있어서 부동산소유자인 전세권설정자는 자기의 부동산을 담보로 일시에 그 부동산가액에 상당하는 금융을 전세권자로부터 수령하고 전세권자는 목적부동산을 사용 · 수익하기 때문에 용익권자인 동시에 담보권자가 된다고 한다. 따라서 전세권은 용익물권성이 주된 것이고 담보물권성이 이에 수반되는 것이라든가, 반대로 담보물권성이 주된 것이고 용익물권성이 이에 수반되는 것이 아니며, 용익물권성과 담보물권성이 동등한 요소로서 구성되어 있는 한국의 특유한 물권으로 보아야 한다는 것이다.[183] 또 거래실태를 볼 때 전세권에 우선변제권이 성문화된 이후 채권담보를 목적으로 하는 전세권의 설정이 증가되었다는 점과 담보목적의 전세권을 무효라고 할 법적 근거가 없으므로 전세권이 용익 위주로 설정되어야 한다고 강제할 수 없다고 한다.[184]

---

181) 尹大成, 앞의 책, 348면; 朴駿緒 편/尹大成 집필, 앞의 책《註釋民法物權(3)》, 205면.

182) 金基善,《韓國物權法》(全訂版), 法文社, 1985, 300면.

183) 高翔龍,《物權法》, 法文社, 2001, 471면.

184) 李銀榮,《物權法》(제4판), 博英社, 2006, 650면.

라. 특수용익물권설

이 견해는 우선, 전세권은 목적부동산의 사용 · 수익을 그 본체로 하는 권리이므로 용익물권이라는 데에는 의심이 없다고 한다. 그리고 전세금의 지급은 전세권의 요소를 이루고 있는데, 이 전세금은 목적부동산의 시가의 상당한 한도에까지 이르는 고액으로 그 반환을 확보해 준다는 의미에서 우선변제권을 인정한 이상, 전세권은 용익물권인 동시에 담보물권이기도 한 것이라고 한다.[185] 다만 전세권의 기본 성격은 어디까지나 용익물권인 데에 있다고 하여야 하며, 담보물권으로서의 성질이 인정된다고 하여도, 그것은 전세권자의 전세금반환청구권을 확보해 준다는 정책적 고려에 의한 것이어서, 전세권의 담보물권성은 부수적 · 종적인 것에 지나지 않는다고 한다.[186]

(3) 판례

1984년 민법개정 후의 판례는 일관하여 전세권이 용익물권적 성격과 담보물권적 성격을 함께 지니고 있는 것으로 보고 있다. 예를 들어 대법원 1989.9.26. 선고 87다카2515 판결은 "전세권과 같은, 용익물권과 담보물권적 성질을 겸비하고 있는 것은 사용가치와 교환가치의 우선적 파악을 목적으로 하고 있어서 …"라고 하고 있고,[187] 대법원 1995.2.10. 선고 94다18508 판결은 "전세권이 용익

---

185) 郭潤直, 앞의 책《物權法》(新訂版), 467면.

186) 郭潤直, 위의 책, 453면; 金相容,《不動產擔保法》(改訂版), 法元社, 1996, 315면.

187) 다만 朴淳成, 앞의 글, 86면은 이 판례의 태도에 대해서 郭潤直 편/朴炳大 집필, 앞의 책, 174면이 특수용익물권설을 취한 것으로 보고 있다고 소개하고 있지만, 이 책의 판례 소개는 위 판례가 담보물권설이 아니라는 것을 밝힌 것일 뿐 용익물권·담보물권 동위설을 부정한 것은 아니다(같은 책, 172-174면 참고).

물권적 성격과 담보물권적 성격을 겸비하고 있다는 점 … 에 비추어 볼 때, 당사자가 주로 채권담보의 목적으로 전세권을 설정하였 … 더라도, 장차 전세권자가 목적물을 사용 · 수익하는 것을 완전히 배제하는 것이 아니라면, 그 전세권의 효력을 부인할 수는 없다 할 것"이라고 하고 있다.

특히 두 번째 판례에 대해서는 주로 채권담보의 목적으로 전세권을 설정한 것을 인정하였다는 이유로 용익물권 · 담보물권 동위설을 취한 것이라고 평가하기도 한다.[188] 그러나 이 판례는 장차 전세권자가 목적물을 사용 · 수익하는 것을 완전히 배제하는 것이 아닐 것을 전제로 하므로 용익물권성을 배제하는 것은 아니며, 특수용익물권설도 용익물권성과 담보물권성을 모두 인정하는 것에서는 차이가 없으므로 용익물권 · 담보물권 동위설의 태도라고 단정할 수는 없다. 즉 판례는 전세권의 본질에 대해 용익물권성과 담보물권성을 모두 인정한다고 볼 수 있을 뿐, 용익물권 · 담보물권 동위설과 특수용익물권설 중 어떤 한 입장을 취한다고 볼 수는 없을 것이다.

(4) 검토

가. 연혁적인 측면에서의 검토

앞에서 본 것처럼, 우리의 전세 관행에 관한 조사를 살펴보면, 다음과 같다. 즉 전세는 조선에서 가장 일반적으로 행하여지는 가옥임대차의 방법으로, 대차 시에 세입자가 일정한 금액(가옥대금의 반액 내지 7, 8할이 통례)을 가옥 소유자에게 위탁하여 별도로 차임을

188) 이은영, 앞의 책, 650면; 이상태, 〈전세권 소멸의 해석론〉, 《일감법학》 제5권, 건국대학교 법학연구소, 2000, 44면.

지불하지 않고 가옥 반환 시에 그 금액을 반환받는 것이다.[189] 전세계약의 중점은 뭐라 해도 타인의 가옥을 사용할 수 있게 된다는 것이며, 이것이 전세계약의 주된 사회적 기능이다.[190] 그런데 전세계약이 임대차에 대해 가지는 특색은 그 가옥 사용에 대한 대가의 지불방법, 즉 일시에 다액의 금액을 전세금으로 교부하는 것이다. 이는 집세거래의 빈도와 위험을 줄일 수 있기도 하지만, 소유자 측에서만 보면 부동산질과 동일하게 담보제도로서의 역할을 하여 부동산금융의 기능을 하기도 한다.[191] 소유자의 측면에서 담보제도로서 기능한다는 것은 이를 뒤집어 보면 전세입자는 임차인인 동시에 금전채권자로 담보권자라는 의미이다. 따라서 당사자는 저당권을 설정하여 이를 보충하는 것이 일반적인 현상이었다.[192]

이처럼 우리의 관습상 전세제도는 타인의 가옥을 사용한다는 측면과 부동산금융의 역할을 하는 측면을 모두 지니고 있었다.

나. 비교법적인 측면에서의 검토

전세권에 관한 규정은 대부분 우리의 관습을 성문화한 것이지만,[193] 성문화하는 과정에서는 중화민국 및 만주국 민법의 전권(典

189) 京城帝國大學社會調查部法律學班, 앞의 글 〈傳貰慣行の實證的硏究 1〉, 55면. 이 부분은 관습조사보고서의 소개와도 같다(정긍식, 앞의 책《國譯 慣習調査報告書》, 288-289면 참고).

190) 京城帝國大學社會調查部法律學班, 위의 글, 58면.

191) 京城帝國大學社會調查部法律學班, 위의 글, 58-59면.

192) 京城帝國大學社會調查部法律學班, 위의 글, 59-60면. 당시의 복덕방 주인들에 대한 조사에 따르면 저당권을 설정하지 않고서 돈을 건네는 일은 없었다고 하며, 소유자가 저당권 설정을 원하지 않을 경우 보증인을 세운 예가 많다고 한다(같은 글, 60면).

193) 이에 대해서는 명순구, 앞의 책《실록 대한민국 민법2》, 313-373면 참고.

權)에 관한 규정을 참고한 것이 또한 사실이다.[194] 그리고 이러한 점은 典權이 중국에서 예로부터 내려온 관습상 담보제도에서 비롯된 것이라는 점[195]에서, 우리 민법상 전세권이 담보물권이라는 주장의 논거가 되기도 한다.[196] 그러나 典權이 담보물권인지 용익물권인지에 대해서는 논의가 있는 부분이므로 전권과 전세권의 유사성으로부터 우리 민법상 전세권의 담보물권성을 도출해 내려면 중화민국 및 만주국 민법상 典權이 담보물권이라는 주장의 논거가 되는 내용이 우리 민법에 입법되었어야 할 것이다.

우선 중화민국 민법의 典權이 담보물권이라는 근거는 크게 두 가지인데, 첫째는 典權에 관한 규정이 물권법의 편별 순서에서 볼 때 질권과 유치권 사이에 규정되어 있다는 점이고, 둘째는 전권설정자가 그의 소유부동산으로부터 수확물이 줄어들 때에 그 소유부동산을 가지고 금전을 융통하는 방법으로 典權이 사용된다는 점이다.[197] 그러나 이 중 물권법의 편별에 관한 첫째 이유는 우리의 전세권은 해당하지 않는 내용이고, 둘째 이유와 같은 사안에서 현재 우리 민법상으로는 대부분 저당권이 사용될 것이라는 점에서 둘째

---

194) 전세권의 起草에 대해서 김병로 대법원장은 한편으로는 관행을 참고하고, 한편으로는 중국의 典權을 참고했다고 하고 있다(〈제26회 국회정기회의속기록 제30호〉, 국회사무처, 1957.11.6, 6-7면). 실제로 민법 제정 당시의 규정을 기초로 할 때에 제309조, 제311조, 제313조, 제316조, 제317조, 제318조의 6개의 규정을 제외하고 나머지 규정들은 모두 중화민국 또는 만주국 민법의 典權에 관한 규정에 그에 해당하는 규정을 두고 있다.

195) 윤대성, 〈전세권과 전권과의 비교연구〉, 《성균관법학》 제19권 제1호, 성균관대학교 비교법연구소, 2007, 191-196면 참고.

196) 윤대성, 〈전세권의 비교법사적 고찰—만주국민법전의 전권이 전세권에 미친 영향〉, 《재산법연구》 제5권 제1호, 한국재산법학회, 1988, 131-132면.

197) 鄭玉波 저/黃宗樂 수정, 《民法物權》(修正十五版), 三民書局, 2008, 170-171면.

이유도 전세권과 꼭 맞지는 않다.

다음으로 만주국 민법상 典權이 담보물권이라는 근거 역시 크게 두 가지인데, 첫째 관습상의 典權은 부동산금융의 한 방법으로 이용되었었다는 점과, 둘째 만주국 민법상 典權은 그 반환청구권이 소멸한 때에 典權者가 典物의 소유권을 취득하는 것(만주국 민법 제305조)으로 볼 때에 그 사용가치보다 오히려 교환가치에 중점을 둔 것으로 보는 것이 타당하다는 점이다.[198] 그러나 우리 관습상 전세는 타인의 가옥을 사용할 수 있게 된다는 점에 중점이 있었고,[199] 만주국 민법 제305조와 같은 규정은 우리의 전세권에는 존재하지 않는다.

한편 우리 민법상 전세권이 담보물권이라는 근거규정인 경매권과 우선변제권은 중화민국 및 만주국 민법의 典權에는 존재하지 않으며, 일제시대에 전세계약을 체결하면서 저당권 또는 부동산질권을 함께 설정했던 것에서 비롯된 것으로 보이는 민법 제305조에 해당하는 규정이 일본민법의 부동산질권의 영향을 받은 만주국 민법 제296조 및 제297조에 존재할 뿐이다.

이처럼 우리 민법상 전세권에 관한 규정을 기초할 때에 중화민국 민법 및 만주국 민법의 典權에 관한 규정으로부터 영향을 받았다고 해도 이는 두 제도의 표면적인 유사성에서 비롯된 것으로 전세권에 관한 내용을 구체화하는 과정에서 영향을 주었을 뿐, 그 실질적인 내용은 우리 관습상의 전세에 관한 내용을 규정한 것으로 보아야 할 것이다. 예를 들어서 민법 제303조 제1항의 전세권의 내용에 관

---

198) 石田文次郎・村教三,《滿洲民法(物權)》, 有斐閣, 1942, 169-171면.

199) 京城帝國大學社會調查部法律學班, 앞의 글 〈傳貰慣行の實證的研究 1〉, 58면.

한 규정은 중화민국 민법 제911조, 만주국 민법 제294조의 典權의 내용에 관한 규정과 동일하지만, 이는 사실 우리 관습상의 전세에 관한 내용이기도 하다.[200] 또 민법 제306조는 중화민국 민법 제915조 제1항과 제917조 제1항을 합친 규정이지만, 그 내용은 우리의 관행 그대로이다.[201]

따라서 중화민국 및 만주국 민법의 典權이 어떠한 법적 성질을 가지는지에 관한 결론이 우리 전세권의 본질이 어떠한가에 대한 논의에 영향을 줄 수는 없다고 해야 할 것이다.

다. 현재 활용되는 측면에서의 검토

현재 물권으로서의 전세권은 채권적 전세에 비하여 많이 사용되지 않는 실정이다. 그러나 예를 들어 오피스텔 등 준주택의 경우에 세입자가 전입신고를 하면 주택으로 간주된다는 점 때문에 집주인이 전입신고를 꺼리는 경우 합의에 의해 전세권 설정등기를 하기도 하고,[202] 채권적 전세를 체결하면서 그 전세금의 반환을 담보하기 위해서 전세권을 체결하는 경우도 드물지 않게 발생하고 있다. 뿐만 아니라, 대법원 2005.5.26. 선고 2003다12311 판결에서 보는 것처럼 임대차계약에 바탕을 둔 임차보증금반환채권을 담보할 목적으로 전세권이 설정되는 경우도 있다.

이와 같은 경우에 당사자의 의사는 채권적 전세에 기초한 전세금

200) 정긍식, 앞의 책《國譯 慣習調查報告書》, 288-289면; 京城帝國大學社會調查部法律學班, 위의 글, 55면 참고.

201) 정긍식, 위의 책, 290면; 吉田平治郎, 앞의 글, 14-15면; 京城帝國大學社會調查部法律學班, 앞의 글 〈傳貰慣行の實證的研究 3〉, 59면 및 61면 등 참고.

202) "전세 보증금 떼이지 않으려면",《중앙일보》2010.10.25. E14면 기사 참고.

이나 임대차에 기초한 임차보증금의 반환을 담보하기 위해 전세권을 별도로 설정한 것이므로 담보물권으로서 기능하는 경우라고 할 수 있다. 그러나 단순히 전세금이나 임차보증금의 반환을 담보하기 위한 것일 뿐이라면 저당권을 설정할 수도 있을텐데 굳이 전세권을 설정한 것은 전세권의 용익물권적 기능에서 유래한다고 할 수 있다. 즉 저당권은 선순위의 저당권이라고 해도 후순위 저당권의 실행에 의하여 전부 소멸하지만(민사집행법 제91조 제2항), 전세권은 최선순위라면 후순위 저당권의 실행에 의하여 소멸하지 않기 때문에(민사집행법 제91조 제3항, 제4항 참고) 임대차계약과 함께 저당권을 설정한 것보다 그 용익권능을 더 안정적으로 보호받을 수 있다.

이처럼 담보목적으로 전세권을 설정한 경우라고 해도 전세권의 담보물권적 기능뿐만 아니라 용익물권으로서의 기능 또한 당사자의 고려 대상에 포함된다고 할 수 있다.

(5) 소결

우선 전세권이 용익물권이라는 견해는, 비록 입법자의 의사가 "전세권을 용익물권의 일종으로 신설"[203]한 것이라고 해도, 현행 전세권 제도가 전세금이나 임차보증금의 담보 목적으로 활용되고 있는 실정과 맞지 않기 때문에 따를 수 없다. 한편, 예를 들어 전세권의 목적물이 일부 멸실된 경우에는 그 멸실 부분에 해당하는 전세금이 감액되는데(민법 제314조 제1항), 이는 담보물권의 성질로서는 설명할 수 없으므로[204] 순수한 담보물권설 역시 따를 수 없다.

---

203) 〈제26회 국회정기회의속기록 제29호〉, 국회사무처, 1957.11.5, 16면 배영호 법무부차관의 민법안제안설명 참고.

204) 金曾漢 · 金學東, 《物權法》(제9판), 博英社, 1997, 413면.

따라서 전세권은 용익물권의 성질과 담보물권의 성질을 모두 지닌다고 해야 할 것이다. 한편 이 경우 양자 중 어느 쪽이 우선시되는가에 대해 용익물권 · 담보물권 동위설과 특수용익물권설의 대립이 있는데, 두 견해 모두 전세권의 두 가지 성질을 모두 인정한다는 점에서는 의견의 일치를 보인다는 점에서, 이와 같은 구분은 별다른 실익이 없는 것으로 보인다.

오히려 이러한 견해들이 전세권에 용익물권성과 담보물권성을 모두 인정하는 것이 무슨 의미인지에 대해서 더 진지하게 고민해볼 필요가 있다. 예를 들어, 두 견해 모두 전세권이 담보물권성을 지니는 근거에 대해서 경매청구권 및 우선변제권이 인정된다는 것을 들면서도, 한편으로는 대부분 이러한 두 가지 권능에 대해 전세권 소멸의 효과로 설명하고 있다.[205] 그런데 이렇게 보면 경매청구권 및 우선변제권은 전세권이 소멸한 후에 비로소 발생하는 것이므로 전세권의 내용이라고 볼 수는 없다는 것인데, 그렇게 보면서도 이러한 권능이 전세권의 내용에 포함되므로 전세권이 담보물권성도 지닌다고 설명하는 것은 모순이라고 할 수밖에 없다.[206]

또 전세권 자체가 두 가지 성질을 모두 지닌다고 하면, 여러 가지 다른 문제가 발생한다. 예를 들어, 전세권이 담보물권성을 지닌다는 것을 이유로 전세권에도 담보물권의 통유성이 적용된다고 하는 것이 학설의 일반적인 태도인데,[207] 그렇다면 만일 전세권의 존속

---

205) 郭潤直, 앞의 책《物權法》(新訂版), 483-488면; 高翔龍, 앞의 책, 497-501면 등.

206) 이홍민, 〈전세권의 법적 구조와 전세권저당권에 관한 법률관계〉,《法學論叢》 제20집 제3호, 2013, 324면.

207) 郭潤直, 앞의 책《物權法》(新訂版), 468면; 金相容, 앞의 책《不動産擔保法》, 315면; 李英俊,《物權法》(新訂版), 博英社, 2001, 672면.

기간 내에 전세권설정자가 임의로 피담보채권으로서의 전세금을 반환한다면 전세권이 소멸된다는 것인지 의문이다. 만일 담보물권의 부종성이 원래의 의미 그대로 전세권에 적용된다면 그렇게 볼 수밖에 없을 것이지만, 전세권자로서는 그 존속기간 내에 목적물을 사용 · 수익할 수 있다는 정당한 기대를 가지고 있는데, 이러한 기대를 무시한 채 전세권설정자가 임의로 전세금을 반환하였다고 하여 전세권이 소멸된다고 할 수는 없을 것이므로, 위와 같은 결론은 부당하다.[208]

이와 같은 문제는, 전세권이 두 가지 성질을 모두 지닌다고 하는 의미에 대해, '전세권' 자체가 용익물권성도 지니고 한편으로는 담보물권성을 지닌다고 보는 점 때문에 발생하는 것이라고 생각된다. 따라서 이러한 문제를 피하기 위해서는, 전세권이 용익물권성 및 담보물권성을 모두 지닌다는 것의 의미에 대해, 전세권의 내용을 구성하는 여러 가지 권능이 용익물권적 특징을 갖는 권능과 담보물권적 특징을 갖는 권능으로 구성된다는 의미로 보아야 한다. 즉 전세권을 구성하는 개별적인 권능이 용익물권적 권능과 담보물권적 권능으로 구별되는 것이라고 해야 한다.[209] 이렇게 본다면, 전세권과 관련된 여러 법률관계를 체계적으로 파악할 수 있게 된다. 예컨대 담보물권의 통유성은 전세권의 권능 중 담보물권적 권능에 대해

---

208) 이홍민, 앞의 글 〈전세권의 법적 구조와 전세권저당권에 관한 법률관계〉, 324면.

209) 대법원 2005.3.25. 선고 2003다35659 판결도 "전세권의 존속기간이 만료되면 전세권의 용익물권적 권능은 전세권설정등기의 말소 없이도 당연히 소멸하고 단지 전세금반환채권을 담보하는 담보물권적 권능의 범위 내에서 전세금의 반환시까지 그 전세권설정등기의 효력이 존속하고 있다"고 하여, 전세권의 용익물권적 권능과 담보물권적 권능을 구분하고 있다.

서만 그 적용이 있다고 할 수 있게 된다.[210)]

아래에서는 이러한 결론을 전제로 전세권에 관한 서술체계를 다시 살펴보고 구체적인 내용에 대해 서술하도록 하겠다.

III. 전세권의 서술체계

우선 주요 물권법 교과서의 전세권에 대한 서술체계를 살펴보도록 하겠다.

1. 곽윤직, 《물권법》(제7판), 박영사(2002)의 서술체계[211)]

제3편 용익물권
 제3장 전세권
  제1절 총설
   제1 전세권의 의의 및 사회적 기능
   제2 전세권의 법률적 성질
  제2절 전세권의 취득과 존속기간
   제1 전세권의 취득
   제2 전세권의 존속기간
  제3절 전세권의 효력
   제1 전세권자의 사용 · 수익권
   제2 전세권의 처분

---

210) 이홍민, 앞의 글 〈전세권의 법적 구조와 전세권저당권에 관한 법률관계〉, 324-325면.

211) 郭潤直, 《物權法》(제7판), 253-271면 참고.

제4절 전세권의 소멸

제1 전세권의 소멸사유

제2 전세권소멸의 효과

Ⅰ. 동시이행

Ⅱ. 전세금의 우선변제권

Ⅲ. 부속물수거권

Ⅳ. 부속물매수청구권

Ⅴ. 유익비상환청구권

---

2. 김증한 · 김학동,《물권법》(제9판), 박영사(1997)의 서술체계[212)]

제3편 용익물권

제3장 전세권

제1절 총설

제1. 의의 및 사회적 작용

제2. 법률적 성질

제2절 전세권의 취득 및 존속기간

제1. 전세권의 목적물

제2. 전세권설정계약

제3. 전세권의 존속기간

제3절 전세권의 효력

제1. 전세권자의 사용 · 수익

제2. 전세권의 효력이 미치는 범위

제3. 법정지상권

제4. 전세금에 관한 법률관계

212) 金曾漢 · 金學東, 앞의 책《物權法》(제9판), 411-435면 참고.

제4절 전세권의 처분
제1. 전세권의 처분성
제2. 전세권의 양도
제3. 전세권의 담보제공
제4. 전전세
제5. 전세부동산의 임대
제5절 전세권의 소멸
제1. 전세권의 소멸사유
제2. 목적부동산의 멸실
제3. 포기
제4. 전세권소멸시의 법률관계
제5. 전세권자의 전세금반환청구권에 대한 우선변제권

---

3. 이영준, 《물권법》(신정판), 박영사(2001)의 서술체계[213)]

제3편 용익물권
제3장 전세권
제1절 총설
제1 의의 및 입법취지, 기능
제2 법률적 성질
제2절 전세권의 취득과 존속기간
제1 전세권의 취득
제2 전세권의 존속기간
제3절 전세권의 효력
제1 전세권의 효력이 미치는 범위

---

213) 李英俊, 앞의 책 《物權法》(新訂版), 662-690면 참고.

제2 전세권자의 사용·수익의 권리의무

제3 전세권자의 처분권

제4 전세권자의 우선변제권 등

제5 전세권자의 부속물수거권 및 부속물매수청구권,유익비 상환청구권 등

제4절 전세권의 소멸

제1 전세권의 소멸사유

제2 전세권소멸의 효과

위의 서술체계를 살펴보면, 세 권의 체계가 거의 유사하다는 점을 알 수 있다. 이러한 서술체계는 대부분의 교과서에서 채택되고 있는데,[214] 다음과 같은 특징을 발견할 수 있다.

① 전세권이 용익물권의 성질과 담보물권의 성질을 모두 지닌다고 하면서도 전세권을 '용익물권'편에서 서술하고 있다; ② 전세권의 존속기간이 종료하였다고 해서 전세권의 담보물권적 성질까지도 모두 소멸하는 것은 아님에도, 즉 전세권의 존속기간이란 결국 전세권의 용익물권적 성질의 존속기간일 뿐임에도 불구하고 이를 전세권의 취득과 함께 서술하여, 마치 담보물권적 성질을 포함한 전세권 자체에 존속기간이 정해질 수 있는 것처럼 서술하고 있다; ③ 우선변제권도 현행 전세권의 내용 중 한 부분일 터인데, 일부의 예외[215]를 제

---

214) 예를 들어, 姜台星, 《物權法》(제3판), 大明出版社, 792-857면; 김상용, 《물권법》, 화산미디어, 2009, 491-529면; 김준호, 《민법강의》(제20판), 法文社, 2014, 790-812면; 김형배·김규완·김명숙, 《민법학강의》(제11판), 신조사, 2012, 695-713면; 宋德洙, 《新民法講義》(제3판), 博英社, 695-710면; 양형우, 《민법의 세계》(제6판), 진원사, 2014, 686-711면; 池元林, 앞의 책, 702-721면 등.

215) 姜台星, 앞의 책, 839면 및 李英俊, 앞의 책, 683-686면은 전세권의 우선변제

외하면 대부분 우선변제권에 대하여 전세권 자체가 소멸한 후 비로소 우선변제권이 발생하는 것처럼, 이를 전세권 '소멸'의 효과로 서술하고 있다; ④ 우선변제권에 관한 내용을 전세권 '소멸'의 효과로 서술하는 것과 일맥상통할 수 있는 것인데, 전세권의 효력에서 서술하는 내용은 사실 대부분이 전세권의 용익물권적 성질, 즉 전세권의 사용·수익권능에 관한 서술이다.

그런데 이와 같은 서술체계는, 전세권의 법적 성질을 순수한 용익물권으로 보았던 시기의 서술체계와 동일하다는 점[216]이나 지상권에 관한 서술체계와 유사하다[217]는 점에서 볼 때, 기본적으로 전세권이 용익물권임을 전제로 한 서술체계라고 할 수 있다. 그러나 앞에서 본 것처럼, 전세권은 용익물권으로서의 성질과 담보물권으로서의 성질을 모두 지니는 특수한 물권이라는 것이 현재의 일반적인 견해이고, 그 구체적인 내용은 결국 전세권의 내용에 두 가지 성질의 권능이 모두 포함될 수 있어야 한다는 것이다. 그렇다면 전세권에 관하여 서술할 때에 그 체계 또한 전세권의 이러한 특수한 점을 고려하여 서술하여야 할 것이다.

아래에서는 이러한 점을 염두에 두고, 전세권이 어떻게 성립하는지 살펴본 후 그 구조에 대해 용익물권적 권능과 담보물권적 권능

적 효력을 전세권의 효력에서 서술하기도 한다. 다만 전세권의 소멸의 효과로서 이를 다시 서술함으로써 다른 서술체계와 큰 차이는 없다고 할 수 있다.

216) 예컨대 전세권의 법적 성질을 순수한 용익물권으로 보았던, 郭潤直, 《物權法》, 博英社, 1963, 299-337면의 목차는 현재의 서술체계와 완전히 동일하다.

217) 지상권에 관한 서술체계는, 대체적으로 ① 총설, ② 지상권의 취득, ③ 지상권의 존속기간, ④ 지상권의 효력, ⑤ 지상권의 소멸, ⑥ 특수지상권의 목차로 구성된다(예컨대 郭潤直, 앞의 책 《物權法》(제7판), 223-244면; 金曾漢·金學東, 앞의 책, 363-394면; 李英俊, 앞의 책, 595-642면 등 참고).

으로 구별하여 두 가지 권능의 관계 및 각각의 내용에 대해 자세히 살펴보도록 하겠다.

제2절 전세권의 성립

전세권은 전세권설정계약에 의해 성립하는 경우 외에 전세권의 양도·상속[218] 및 취득시효[219] 등의 사유에 의해 취득할 수도 있다. 다만 이러한 경우는 예외적인 경우이므로 아래에서는 우선 전세권설정계약에 의해 전세권이 성립하는 경우에 대해 살펴보도록 하겠다.

---

218) 주택임대차보호법에 의해 보호받는 채권적 전세의 상속에 대해서는 동법 제9조에 의하여 사실혼 관계의 배우자에 대해서도 상속권이 인정된다. 그러나 민법상 전세권의 상속에 대해서는 이와 같은 특별규정이 없으므로, 상속은 민법의 일반원칙에 따를 수밖에 없으며, 따라서 사실혼관계에 있는 배우자에게는 상속권이 없다는 점에 주의하여야 한다.

219) 취득시효에 의하여 전세권을 취득할 수 있는지에 대해서는 ① 이를 긍정하는 견해(郭潤直, 앞의 책《物權法》(新訂版), 329면), ② 부동산의 취득시효기간은 20년(점유취득시효의 경우)·10년(등기부취득시효)인데, 취득시효로 인한 전세권취득의 효력은 점유를 개시한 때에 소급하는 바(247조), 전세권의 존속기간은 10년을 넘지 못한다는 이유로 이를 부정하는 견해(金曾漢·金學東, 앞의 책, 147면), ③ 전세권의 점유취득시효는 불가능하고, 등기부취득시효는 이론적으로 전세권등기와 전세금의 지급이 동시에 이루어져서 전세권취득시효기간인 10년 만기와 전세금반환채권의 소멸시효기간인 10년의 만기가 일치했을 때에는 가능할 수도 있다는 절충설(김상용, 앞의 책《물권법》, 505면)의 세 견해 간에 대립이 있다. 그러나 전세권의 존속기간에 관한 규정은 사실 전세권의 용익물권적 권능에 관한 존속기간일 뿐이며, 전세권의 취득시효를 인정함으로써 전세권자로 인정되는 기간 동안의 점유를 정당화할 수 있다는 실익도 있으므로, 전세권도 취득시효에 의하여 취득할 수 있다고 보는 것이 타당하다고 생각한다.

I. 전세권설정계약

1. 법적 성질

전세권이 성립하기 위해서는 우선 전세권설정자와 전세권자 간의 전세권설정계약이 있어야 한다. 전세권설정계약의 법적 성질에 대해서는 물권행위라고 보는 것이 일반적인 견해로 보인다.[220] 그러나 물권행위라는 개념의 필요성에 대해서는 의문이 있으므로,[221] 아래에서는 단순히 전세권설정계약이라고만 표현하도록 하겠다. 다만 전세권설정계약을 물권계약으로서 '물권행위'라는 개념으로 포섭할 것인지의 여부에 따라 어떠한 다른 결론을 내는 것은 아니다. 학설 중에도 특히 제한물권의 설정에는 채권계약과 별도로 물권행위의 개념을 인정할 실익이 없다는 이유로 채권계약으로 파악하기도 한다.[222]

2. 요건

전세권설정계약은 다음의 세 가지 요건을 갖추어야 한다. ① 전세권설정자는 목적부동산의 소유자인 경우가 대부분이겠지만 최소한 목적부동산의 처분권을 갖고 있어야 하며, 전세권설정계약에 따라 전세권등기를 할 것을 내용으로 하여야 한다. 전세권은 물권으로서 등기를 하여야 효력이 발생하기 때문에(민법 제186조), 등

---

220) 郭潤直, 앞의 책《物權法》(新訂版), 470면; 金曾漢 · 金學東, 앞의 책, 415면; 郭潤直 편/朴炳大 집필, 앞의 책, 183면 등.

221) 이에 대한 상세는 명순구 · 김제완 · 김기창 · 박경신,《아듀, 물권행위》, 고려대학교출판부, 2006 및 명순구, 〈'물권행위'와의 작별을 준비하다〉,《高麗法學》 제49호, 2007, 261-287면 참고.

222) 李銀榮, 앞의 책, 653면 각주 2번.

기를 할 것을 포함하고 있지 않은 계약이라면 채권적 전세계약 또는 그와 유사한 무명계약이라고 할 수 있을 뿐, 전세권설정계약이라고 할 수는 없다. ② 전세권은 용익물권적 권능을 가지므로 전세권설정계약은 용익권의 발생에 관한 내용을 포함하고 있어야 한다. 다만 그 계약에 의하여 전세권자에게 목적물의 사용·수익권을 발생시키면 그것으로 족하며, 전세권자가 실제로 그 목적물을 사용할 의도를 가지고 있는지 여부는 중요하지 않다. 이런 점에서 이른바 담보 목적의 전세권 설정도 가능하다고 할 수 있다. 대법원 1995.2.10. 선고 94다18508 판결도 "전세권이 용익물권적 성격과 담보물권적 성격을 겸비하고 있다는 점 및 목적물의 인도는 전세권의 성립요건이 아닌 점 등에 비추어 볼 때, 당사자가 주로 채권담보의 목적으로 전세권을 설정하였고, 그 설정과 동시에 목적물을 인도하지 아니한 경우라 하더라도, 장차 전세권자가 목적물을 사용·수익하는 것을 완전히 배제하는 것이 아니라면, 그 전세권의 효력을 부인할 수는 없다"고 하고 있다. ③ 전세권은 담보물권적 권능도 가지므로 전세권설정계약은 전세금의 지급 및 그 반환과 관련하여 소비대차 및 이를 담보할 목적이 포함되어 있어야 한다.

그 밖의 학설 중에는 전세권설정계약에 의하여 당사자가 처음부터 물권으로서의 전세권을 발생시킬 것을 계약의 내용으로 할 필요는 없다고 하면서, 처음에는 채권적 전세로서의 성격을 가졌다가 후에 그 계약관계에 기해 전세권설정등기를 해도 무방하며 이때 물권적 전세의 설정계약을 별도로 체결할 필요는 없다고 하는 견해도 있다.[223] 그러나 이 견해에 따른다면 채권적 전세계약을 체결한 세

223) 李銀榮, 앞의 책, 654면.

입자가 당해 부동산 소유자에 대해 전세권설정을 위한 등기를 청구할 수 있다는 것인지 궁금하다. 만약 전세권설정등기를 청구할 수 있다고 한다면 이는 현실에 부합하지 않을 뿐만 아니라 물권적 전세와 채권적 전세의 차이를 지나치게 무시하는 것이라고 할 수 있다. 또 전세권설정등기를 청구할 수 없다고 한다면, 위와 같은 견해를 주장할 실익이 전혀 없게 된다. 만약 위의 견해가, 채권적 전세를 체결한 후 그 계약관계를 그대로 유지한 채 당사자의 합의로 전세권설정등기를 할 수 있다는 것일 뿐이라면, 이미 채권적 전세와 별도의 당사자의 합의가 존재한다는 것을 인정하는 것인데, 여기서 전세권설정계약은 뒤의 '당사자의 합의' 부분이지 앞의 채권적 전세 부분이라고 할 수는 없을 것이다. 대법원 1998.9.4. 선고 98다20981 판결도 "실제로는 전세권설정계약이 없음에도 불구하고 임대차계약에 기한 임차보증금반환채권을 담보할 목적으로 임차인과 임대인, 제3자 사이의 합의에 따라 제3자 명의로 전세권설정등기를 경료한" 사안에서, "임대차계약에 바탕을 두고 이에 기한 임차보증금반환채권을 담보할 목적으로 임대인, 임차인 및 제3자 사이의 합의에 따라 제3자 명의로 경료된 전세권설정등기는 유효하다"고 하여 '애초의 임대차 계약'이 아닌 '3당사자 사이의 별도의 합의'에 근거한 전세권설정등기를 유효한 것으로 보고 있다. 따라서 전세권설정계약은 처음부터 물권으로서의 전세권을 발생시킬 것을 계약의 내용으로 하고 있어야 한다고 생각한다.

II. 등기

전세권은 물권이어서 전세권설정자와 전세권자 간의 전세권설정계약과 등기에 의하여 그 효력이 발생하므로(민법 제186조) 반드시 등기를 갖추어야 한다. 전세권의 등기는 목적 부동산의 등기기록의 을구에 독립등기로 실행하며, 부동산등기법 제48조의 일반적 등기사항(순위번호, 등기목적, 접수연월일 및 접수번호, 등기원인 및 그 연월일, 권리자) 외에 전세금 및 전세권 설정 범위를 반드시 기록하여야 한다. 그 외에 존속기간이나 위약금 또는 배상금에 관한 약정이 있든지, 민법 제306조 단서에 의한 양도 또는 임대금지의 특약이 있으면 이러한 사항도 기록해야 하며, 전세권의 범위가 부동산의 일부인 경우 그 부분을 표시한 도면의 번호도 기록하여야 한다(부동산등기법 제72조 제1항).

한편 전세권 등기는 전세권설정계약의 내용과 일치하여야 한다. 만약 일치하지 않는 경우에는 그 내용이 합치하는 한도에서만 효력이 생긴다. 따라서 당사자 간의 합의에 의하여 전세금을 증액지급하였거나 전세기간을 연장하였다고 해도 그 내용을 등기하지 않았다면, 전세권자로서는 전세목적물의 양수인이나 저당권자와 같은 제3자에 대해서는 물론이고, 직접 계약당사자인 전세권설정자에 대해서도 그 갱신약정에 따른 채권을 주장하는 것은 별론으로 하고, 물권으로서의 전세권을 주장할 수는 없다고 할 것이다.[224)]

224) 郭潤直 편/朴炳大 집필, 앞의 책, 184면.

III. 전세권의 객체(목적)

1. 부동산

전세권은 타인의 부동산을 사용 · 수익할 수 있도록 하는 권리(민법 제303조 제1항)이므로, 전세권의 객체는 부동산이다. 따라서 민법 제정 전의 관습에서 전세의 목적물이 건물에 한정되었던 것과 달리, 토지도 전세권의 객체가 된다. 다만 민법 제303조 제2항은 "농경지는 전세권의 목적으로 하지 못한다"고 하여 농경지는 전세권의 객체가 될 수 없음을 규정하고 있다. 이는 1994년 폐지된 종래의 농지개혁법 제17조에 근거한 것인데,[225] 현행 농지법 제23조 이하는 일정한 경우에 한하여 농지의 임대차 및 사용대차를 인정하고 있다는 점에서 굳이 농지의 전세권설정을 금지해야 하는지에 대해서는 입법론상 검토할 필요가 있는 것으로 보인다. 현재 논의되고 있는 법무부의 개정시안에 따르면 이 규정은 삭제할 것으로 보인다.

건물에 전세권이 설정된 경우에 그 대지에 대해 별도의 전세권을 설정할 수 있을까? 만약 이를 인정한다면 건물의 사용 · 수익에 필요한 범위 내에서 대지를 사용 · 수익하는 것을 방해한다는 점에서 종전의 등기선례는 이를 부정하였다(1999.01.16. 등기선례 제199901-10호). 그러나 장차 전세권자가 목적물을 사용 · 수익하는

---

225) 명순구, 앞의 책《실록 대한민국 민법 2》, 326면. 농지개혁법은 제헌헌법 제86조가 "농지는 농민에게 분배하며 그 분배의 방법, 소유의 한도, 소유권의 내용과 한계는 법률로써 정한다"고 하여 경자유전의 원칙을 정함에 따라 1949년 6월 21일 법률 제31호로 제정된 법률로서 동법 제17조는 "일체의 농지는 소작, 임대차, 위탁경영 등 행위를 금지한다"고 규정하고 있었다. 이 법은 1994년 12월 22일 법률 제4817호로 제정된 농지법 부칙 제2조 제1호에 의하여 폐지되었다.

것을 완전히 배제하는 것이 아니라면 당장 목적물을 사용 · 수익하지 않는다고 해도 전세권의 효력을 부인할 것은 아니며(대법원 1995.2.10. 선고 94다18508 판결), 토지와 건물은 별개의 부동산이므로 건물에 대한 전세권설정등기가 마쳐진 경우에도 토지에 대하여 별도의 전세권설정등기를 할 수 있다고 해야 할 것이다. 이에 따라 개정된 등기선례는 이를 인정하고 있다(2000.10.04. 등기선례 제6-318호).

2. 부동산의 일부

전세권의 객체인 부동산은 1필의 토지 또는 1동의 건물의 전부이어야 할 필요는 없다. 따라서 부동산의 일부라고 해도 전세권의 객체가 될 수 있으며,[226] 이미 건물의 일부에 전세권이 설정된 경우에도 위 건물부분과 중복되지 않는 다른 건물부분에 대해서는 전세권설정등기를 할 수 있다(2000.10.04. 등기선례 제6-318호).

다만 부동산의 일부에 대하여 전세권을 설정하고자 하는 때에는 전세권의 범위를 특정하고 그 도면을 첨부하여야 하는데(부동산등기법 제72조 제1항 6호), 부동산의 특정부분이 아닌 공유지분에 대한 전세권은 이를 등기할 수 없으므로, 전세권의 목적이 될 수도 없다(2011.10.11. 등기예규 제1351호).

---

226) 다만 이 경우 전세권의 효력은 그 객체인 부분에 한하여 그 효력이 미친다(대법원 2000.2.25. 선고 98다50869 판결 : 건물의 일부를 목적으로 하는 전세권은 그 목적물인 건물 부분에 한하여 그 효력을 미치므로 건물 중 일부를 목적으로 한 전세권이 경락으로 인하여 소멸한다고 하더라도 그 전세권보다 나중에 설정된 전세권이 건물의 다른 부분을 목적물로 하고 있었던 경우에는 그와 같은 사정만으로는 아직 존속기간이 남아 있는 후순위의 전세권까지 경락으로 인하여 함께 소멸한다고 볼 수 없다).

이에 대해 일부 견해는 공유지분에 대한 전세권 설정이 허용되어야 한다고 하는데,[227] 그 근거는 다음과 같다: ① 지분권은 다른 공유자의 지분에 의하여 제한을 받기는 하지만 그 자체로 하나의 소유권과 같은 성질을 가지는 것이므로 각 공유자는 그의 지분을 자유롭게 처분할 수 있고 공유물 전부를 지분의 비율로 사용 · 수익할 수 있다(민법 제263조). 그렇다면 공유자 중 1인이 다른 공유자의 지분에 의하여 제한을 받는 현상 그대로의 자기지분을 전세권의 목적으로 하는 것 역시 허용되어야 할 것이다. ② 지분에 대한 전세권자가 그 목적물의 점유사용을 보장받을 수 있는지의 문제는 공유자 상호간의 목적물이용에 관한 협의 · 조정의 문제와 동일한 구조로 생각할 수 있는 것이므로, 전세권자가 전세권설정자의 지분비율에 따라서만 목적물을 사용 · 수익할 수 있을 뿐이라고 보면, 그로 인하여 다른 공유자에게 특별히 부당한 부담을 지우게 된다고 단정할 수 없다. ③ 부동산등기법상 공유지분에 대한 전세권을 등기할 수 없도록 하는 것은 절차법의 문제일 뿐, 이를 이유로 실체법상 지분에 대한 전세권설정을 부정할 것은 아니다.

그러나 실체법이 아무리 어떠한 권리의 발생요건을 정비하고 그에 대한 법률효과를 적정하게 정한다고 하더라도 그것을 실현하는 절차가 불비하여 그 권리의 실질을 달성할 수 없다고 한다면 그 실체법은 공허한 문자에 불과하므로,[228] 절차법보다 실체법이 우위에 선다는 것에는 찬성하기 어렵다.[229] 이러한 점에서 부동산등기

227) 郭潤直 편/朴炳大 집필, 앞의 책, 167-169면.

228) 梁彰洙, 《民法入門》(제5판), 博英社, 2010, 226-227면; 오세혁, 〈실체법과 절차법의 상호의존성〉, 《법철학연구》 제12권 제2호, 한국법철학회, 2009, 412면.

229) 오세혁, 앞의 글, 404면 이하는, 전통적으로 절차법이 실체법에 종속되는 것

법의 규정과 상관없이 공유지분에 대한 전세권 설정이 허용된다고 할 수는 없을 것이다.

Ⅳ. 전세금의 지급 여부

1. 전세금의 의의

전세금은 전세권자가 목적부동산의 사용대가로서 전세권설정자에게 교부하는 금전으로, 그 사용 대가로서의 의미를 다하게 되면(전세권의 용익물권적 권능이 소멸하게 되면) 전세권자에게 다시 반환하여야 하는 것을 말한다. 전세금액을 얼마로 할 것인지에 대해서는 아무런 제한이 없으므로 당사자간의 합의에 의하여 자유롭게 결정될 수 있으며, 다만 그 금액은 등기사항으로(부동산등기법 제72조 제1항 1호), 등기한 금액에 한하여 제3자에게 대항할 수 있다.

2. 전세금의 법적 성질

전세권이 용익물권의 성질과 담보물권의 성질을 모두 지니고 있는 것처럼, 전세금도 두 가지 성질에 각각 관련된 여러 가지 성질을 지니고 있다. 아래에서 이를 구분하여 살펴보도록 하겠다.

으로 이해되어 온 점과 그에 대한 반론을 상세히 소개하고 있다.

(1) 전세권의 용익물권성과 관련된 성질

가. 사용대가

전세금은 목적부동산의 사용에 대한 대가로서 임대차에 있어서의 차임이나 지상권에 있어서의 지료와 같은 성질을 가진다. 다만 그 지급방법이 특수한 것으로, 전세권자는 전세금을 지급하기 때문에 목적물의 사용에 대한 대가를 별도로 지급할 필요가 없고, 전세금의 이자를 청구할 수도 없다. 즉 사용대가와 전세금의 이자는 상계되는 것이다.[230)]

이는 전세금의 가장 본질적인 성질로서, 종래 의용민법상 부동산질권에서 특약에 의하여 이자를 별도로 청구할 수 있고 또 부동산에 관한 관리비용 등을 질권설정자에게 부담시킬 수 있는 것(의용민법 제359조 참조)과는 다르다고 할 것이다.[231)]

다만 전세권자 또는 전세권설정자는 전세금이 목적 부동산에 관한 조세, 공과금 기타 부담의 증감이나 경제사정의 변동으로 인하여 상당하지 아니하게 된 때에는 장래에 대하여 그 증감을 청구할 수 있다(민법 제312조의2 본문). 원래 민법에는 지상권과 임차권에 관해서만 지료 및 차임의 증감청구권을 규정하고 있었고(민법 제286조, 제628조), 전세권에 관해서는 전세금의 증감청구권을 규정하지 않고 있었지만, 지료나 차임, 전세금 모두 그 목적물에 대한 사용대가의 성질을 가진다는 점에 비추어 전세금에 관해서만

230) 金容漢, 〈傳貰權의 機能的 分析(二 · 完)〉, 《法曹》 제24권 제1호, 法曹協會, 1975, 65-66면.

231) 吉田平治郎, 앞의 글, 16면에 따르면, 일제강점기에 전세계약과 동시에 부동산질권을 설정한 경우에는 전세계약을 설정한 자체에 대해 묵시적 특약으로 의용민법 제356조 이하의 질권의 효력을 배제한 것으로 해석해야 한다고 한다.

증감청구권을 규정하지 않은 것은 입법의 불비 내지 체제의 불균형이라고 할 수 있었다.[232] 한편 1983년 주택임대차보호법이 개정되어 차임증감청구권에 관한 규정(제7조)이 신설되고, 이를 채권적 전세에 준용하는 것이 명백해지면서(제12조의 신설), 이에 대응한다는 점도 그 이유가 되어 1984년 민법개정에 의하여 신설된 규정이다.

이러한 전세금증감청구권의 법적 성질에 대해서는 견해의 대립이 있는데, 형성권설은 당사자 일방의 증감청구에 의하여 곧바로 증감의 효과가 발생하며, 상대방이 이에 불응할 때에는 법원에 제소하여 그 증감의 정도를 결정받을 수밖에 없지만 그에 의한 증감의 효과는 청구 시에 소급하여 효력이 생긴다고 하며,[233] 청구권설은 이와 달리 전세금의 증액이나 감액은 언제나 당사자의 합의에 의해서만 이루어질 수 있으며, 일방당사자의 청구에 의해 당연히 증감의 효과가 발생하는 것은 아니라고 한다.[234] 당사자 간의 합의에 의한 증감은 이 규정이 없다고 해도 당연히 가능한 것이므로 이를 신설한 취지를 고려하면 그 명칭에도 불구하고 형성권이라고 보는 것이 타당할 것이다.[235]

한편 일반적으로 논의되는 부분은 아니지만, 전세금증감청구권의 취지는 어디까지나 전세금이 사용 대가로서 적절치 않은 수준일

---

232) 郭潤直 편/朴炳大 집필, 앞의 책, 234면.

233) 李英俊, 앞의 책, 670면; 池元林, 앞의 책, 708면 등.

234) 郭潤直, 앞의 책《物權法》(新訂版), 465면.

235) 이렇게 보아야, 민법 제312조의2와 같은 취지를 지니는 지상권의 지료증감청구권(민법 제286조) 및 임대차의 차임증감청구권(제628조)의 법적 성질에 대해 통설이 형성권이라고 보는 것(郭潤直 편/朴炳大 집필, 앞의 책, 236면 참고)과도 일관한다고 할 수 있다.

때에 이를 바로잡기 위한 것이므로, 전세금증감청구권을 행사하기 위해서는 전세권의 내용으로서의 사용 · 수익권, 즉 용익물권적 권능이 존속하는 동안만 행사할 수 있다고 보아야 할 것이다. 만약 현실적으로 전세권의 용익물권적 권능이 소멸하고 그 담보물권적 권능이 발현한 경우에 전세금의 증감을 청구할 수 있다고 하면, 전세금증감청구권을 형성권으로 보아야 한다는 것과 맞물려서, 이는 마치 어떤 채권을 피담보채권으로 하여 저당권을 설정한 후 저당권자 또는 저당권설정자 일방의 청구에 의하여 피담보채권의 증감이 가능하다는 것과 마찬가지의 결과가 되는데, 이러한 결과가 타당하지 않음은 물론이다.

전세금증감청구권을 행사할 때에 그 증액을 청구할 때에는 대통령령이 정하는 기준에 따른 비율(약정한 전세금의 20분의 1. 민법제312조의2단서의시행에관한규정 제2조)을 초과하지 못하며(민법제312조의2단서), 전세권설정계약이 있은 날 또는 약정한 전세금의 증액이 있은 날로부터 1년 이내에는 이러한 증액청구를 하지 못한다(민법제312조의2단서의시행에관한규정 제3조).

나. 보증금

전세금은 보증금의 성질도 가지고 있다. 본래 보증금이라는 것은 민법상 별도의 규정을 두고 있지는 않지만, 관행상 부동산 특히 건물임대차에 부수하여 임차인의 차임 기타의 채무를 확보할 목적으로 임차인으로부터 임대인에게 교부되는 금전이며, 임차인의 채무불이행이 있으면 임대인은 이로부터 우선적으로 변제를 받도록 하는 것이다. 이러한 보증금의 성질에 관하여 통설은 정지조건부 반환채무를 수반하는 금전소유권의 이전이라고 하는데, 전세금 역시

보증금의 일종이라는 것이 통설이다.[236)]

다만 임대차계약에서의 보증금은 임대차계약의 존속 중에도 보증금을 가지고 채무불이행 부분에 충당하는 것이 가능하지만, 전세권에서의 전세금은 전세권(의 용익물권적 권능)이 소멸한 경우에만 이러한 충당이 가능하다(민법 제315조 제2항)는 점에서 양자 간에는 서로 다른 부분도 있다. 왜냐하면 임대차계약에서의 보증금과 달리 전세금은 목적부동산의 사용·수익의 대가라는 의미를 가지기도 하기 때문이다.

한편 전세금에 의하여 확보할 수 있는 채권의 범위에 대해서는 논란의 여지가 있다. 즉 민법 제315조는, 전세권자에게 책임 있는 사유로 전세권의 목적물 전부 또는 일부가 멸실한 경우에, 전세금으로써 그 손해의 배상에 충당할 수 있음을 규정한다. 이 규정에 목적물의 멸실 이외의 경우에 대한 내용은 없으므로, 이를 엄격히 해석하면 전세금에 의하여 확보되는 전세권자의 채무는 목적물 멸실의 경우에 한한다는 결과가 된다.

그러나 일반적인 견해는, 목적물 멸실 이외의 사유로 전세권자가 부담하는 손해배상에 대해서도 전세권설정자는 전세금반환채무와 손해배상채권을 상계할 수 있게 될 것이므로 이 또한 전세금에 의하여 확보할 수 있는 범위에 포함된다고 한다.[237)] 다만 전세관계에 있어서는 차임이나 지료를 정기적으로 지급하는 일이 없으므로 그 지체로 인한 손해배상채무에 대해서는 그렇지 않다고 할 수밖에 없다.[238)]

---

236) 郭潤直, 앞의 책《物權法》(新訂版), 466면.
237) 姜台星, 앞의 책, 809면; 郭潤直, 위의 책, 466면.
238) 池元林, 앞의 책, 708면.

다만 대법원 2008.3.13. 선고 2006다29372,29389 판결은, 월세계약에 대한 임차보증금반환채권을 담보할 목적으로 전세권을 설정한 사안에서, "전세권설정등기를 경료한 후 전세금은 그 성격에 비추어 민법 제315조에 정한 전세권설정자의 전세권자에 대한 손해배상채권 외 다른 채권까지 담보한다고 볼 수 없으므로, 전세권설정자가 전세권자에 대하여 위 손해배상채권 외 다른 채권을 가지고 있더라도 다른 특별한 사정이 없는 한 이를 가지고 전세금반환채권에 대하여 물상대위권을 행사한 전세권저당권자에게 상계 등으로 대항할 수 없다"라고 하여 위 월세계약에 대한 연체차임, 관리비, 지연배상금 등은 전세금반환채권과 상계할 수 없다고 하였다.

(2) 전세권의 담보물권성과 관련된 성질

전세권설정자의 입장에서 보면, 그는 그 부동산을 담보로 하여 금전을 융통받는 것이므로, 전세금은 신용 수수(授受)의 수단이라는 성질도 가진다. 이 경우 전세금은 부동산소유자가 목적물의 사용가치를 담보로 하여 전세권자로부터 얻는 금융으로서의 성질을 가지게 된다. 특히 전세금은 목적부동산의 가격의 6할 내지 8할에 이르는 거액이므로 신용의 수수로서의 측면이 뚜렷해지고, 이 경우 전세권은 부동산질권의 실질을 가진다고 한다.[239)]

이러한 성질은 종래에 채권적 전세를 포함한 전세제도가 왜 성행하였는지를 알 수 있게 하는 부분이기도 하다. 즉 일반서민으로서는 은행 등 제도금융을 이용하여 금전대출을 받는 것이 사실상 쉽지 않은 반면에, 전세금채무를 부담하고라도 부동산의 소유권을 취

---

239) 郭潤直, 앞의 책《物權法》(新訂版), 467면.

득해 두면 부동산 가격의 상승률이 높은 까닭에 결국 취득할 수 있는 재산적 이득이 크다는 점 때문에 부동산 소유자가 전세제도를 이용하는 경우가 많았던 것이다.[240)]

3. 전세금의 지급이 전세권의 성립요소인지 여부

전세금의 액수는 등기사항이므로(부동산등기법 제72조 제1항 1호) 전세권설정등기 이전에 미리 정해져야 하지만, 이렇게 정해진 전세금을 실제로 지급하는 것이 전세권의 성립요소인지에 대해서는 학설이 대립한다. 종래의 다수설인 1설은 전세권설정계약과 등기 이외에 약정된 전세금의 수수가 있을 때에 비로소 전세권이 성립한다고 한다.[241)] 이와 달리 2설은 '전세금의 지급'이 전세권의 성립요소는 아니며, 다만 민법 제303조 1항의 '전세금을 지급하고'라는 것은 전세금의 지급이라는 것이 전세권자의 의무로서 설정계약 속에 포함되어 있어야 한다는 정도의 의미로 해석하면 된다고 한다.[242)]

종래의 다수설인 1설의 논거를 하나씩 검토해 보면, 1설은 다음과 같은 논거를 들고 있다: ① 만약 전세금의 지급 없는 전세권을 인정하면 월세로 차임을 지급하기로 하는 임대차계약도 등기만 하면 전

240) 郭潤直 편/朴炳大 집필, 앞의 책, 193면 참고.

241) 郭潤直, 앞의 책《物權法》(新訂版), 464면; 郭潤直 편/朴炳大 집필, 앞의 책, 191면. 다만 이 견해는 전세권설정계약의 성질과 관련하여 다시, 전세권설정계약 자체가 전세금 지급을 요소로 하는 요물계약이라는 견해(金容漢,《物權法論》, 博英社, 1993, 426면)와 전세권설정계약 자체는 요물계약이 아니라 낙성계약이지만 전세금의 지급은 등기와 함께 전세권성립의 또 하나의 요소라는 견해(郭潤直 편/朴炳大 집필, 앞의 책, 184면)로 나뉜다. 다만 전세금의 지급이 전세권 성립의 요건이라는 점에서는 두 견해 모두 마찬가지이다.

242) 金曾漢 · 金學東, 앞의 책, 415면; 梁彰洙, 앞의 글, 100면.

세권이 될 수 있게 되어 전세권의 고유한 특성이 유지될 수 없게 된다. ② 전세권의 담보물권적 성격에 비추어 볼 때 전세금의 지급은 피담보채권의 발생에 해당하게 되고, 담보물권은 피담보채권의 존재를 요건으로 하므로 전세금이 지급되어야 전세권이 성립한다고 보아야 한다.

그러나 이러한 논거는 다음과 같은 이유로 받아들이기 힘들다: ⓐ 우선 ①의 논거는 전세권설정계약의 의미를 무시하는 것이다. 즉 전세권설정계약과 임대차계약을 전혀 구별하지 않는 것으로 받아들일 수 없다. 이러한 주장에 따르면 마치 전세권등기만 이루어지면 그 기본이 되는 계약이 전세권설정계약이 아니어도 전세권이 성립할 수 있다는 것인데, 이는 마치 소유권이전등기만 있으면 소유권이전에 관한 합의가 없어도 소유권 이전이 성립할 수 있다는 것과 마찬가지의 주장이 된다. 이러한 주장이 타당하지 않음은 물론이다. ⓑ 다음으로 ②의 논거는 전세권의 담보물권적 측면에 경도된 주장이라고 할 수 있다. 전세권자가 전세금을 지급하지 않은 경우에는 전세금반환채권을 가지지 않는다고 하면 족할 것이며,[243)] 전세권의 내용을 용익물권적 권능과 담보물권적 권능으로 나누어 볼 때에 전세금의 지급 여부에 부종하는 것은 전세권의 담보물권적 권능에 한한다고 할 것이다. 따라서 전세권자가 전세권설정계약에 따른 전세금 지급을 미룬다고 해도 전세권의 용익물권적 권능이 소멸하기 전[244)]까지만 전세금을 지급한다면 전세권의 담보물권적 권능이 발현하는 데에 아무런 문제가 없게 된다. 물론 전세금의 지

---

243) 金曾漢 · 金學東, 앞의 책, 415면 각주 2번.

244) 전세권의 용익물권적 권능이 소멸하게 되는 시점이 바로 전세권의 담보물권적 권능이 발현하게 되는 시점이기 때문이다. 이에 대해서는 후술하도록 하겠다.

급과 전세권 등기에 필요한 서류의 교부가 동시이행의 관계에 있는 이상[245] 실제로 전세금의 지급 없이 전세권 등기가 이루어지는 경우는 존재하기 어렵다. 그러나 이는 어디까지나 동시이행의 항변권에 의한 것이므로, 예컨대 당사자의 합의로 전세권 등기를 선이행한 경우에 전세권이 성립하지 않았다고 할 수 있는 것은 아니라고 할 것이다. 물론 이 경우 전세권자가 당사자의 합의에 의한 전세금 지급기간이 지나서도 전세금의 지급을 미룬다면 전세권설정자가 전세권자에 대하여 전세권설정계약 위반을 근거로 채무불이행책임을 물을 수 있음은 당연하다.

대법원 1995.2.10. 선고 94다18508 판결은 "전세금의 지급은 전세권 성립의 요소가 되는 것이지만 그렇다고 하여 전세금의 지급이 반드시 현실적으로 수수되어야만 하는 것은 아니고 기존의 채권으로 전세금의 지급에 갈음할 수도 있다"라고 하여 전세금의 지급이 전세권 성립의 요소라는 견해를 취하고 있다. 그러나 한편으로 이 판결은 "전세권이 용익물권적 성격과 담보물권적 성격을 겸비하고 있다는 점 및 목적물의 인도는 전세권의 성립요건이 아닌 점 등에 비추어 볼 때, 당사자가 주로 채권담보의 목적으로 전세권을 설정하였고, 그 설정과 동시에 목적물을 인도하지 아니한 경우라 하더라도, 장차 전세권자가 목적물을 사용 · 수익하는 것을 완전히 배제하는 것이 아니라면, 그 전세권의 효력을 부인할 수는 없다"라고 하는데, 이처럼 전세권의 용익적 측면이 전세권 설정의 요소가 아니라고 한다면, 이와 균형을 맞추기 위해서라도 '담보적 측면'과 관련된 '전세금의 지급'도 전세권 설정의 요소가 아니라고 하는 것이 타

245) 대법원 1977.9.13. 선고 77다918 판결 참고.

당했을 것이라고 생각한다.

제3절 전세권의 용익물권적 권능

I. 용익물권적 권능의 발현

앞에서 본 것처럼 전세권은 용익물권적 권능과 담보물권적 권능을 모두 포함하는, 다소 특이한 물권이다. 그런데 그 내용을 자세히 살펴보면 용익물권적 권능과 담보물권적 권능이 발현되는 시점은 서로 다르다. 이런 점에서 각각의 권능이 언제 발현하는지에 대해서 살펴볼 필요가 있다.

우선 전세권의 용익물권적 권능은 전세권이 성립한 시점, 즉 전세권설정계약을 체결하고 등기를 이전한 시점부터 즉시 발현한다고 해야 할 것이다. 이에 대해 전세목적물을 인도한 시점부터 전세권을 실제로 사용 · 수익할 수 있다는 점에서 목적물을 인도한 시점부터 용익물권적 권능이 발현한다고 생각할 수도 있지만, 목적물의 인도는 전세권 성립의 요소가 아니므로[246] 목적물 인도와 상관없이 전세권이 성립한 시점부터 바로 전세권의 용익물권적 권능은 발현한다고 보는 것이 타당할 것이다. 이는 근대 물권의 관념성[247]으로 인한 것이다. 즉 현실적인 사용 · 수익이 없어도 사용 · 수익할 수

---

246) 姜台星, 앞의 책, 806면; 郭潤直, 앞의 책《物權法》(新訂版), 471면.
247) 郭潤直, 위의 책, 16면.

있는 이상 용익물권적 권능이 발현했다고 보는 데에 아무런 문제가 없다. 따라서 부동산 소유자 A가 B에게 소유권이전에 관한 계약을 체결한 후 등기를 이전해 준 경우 B가 실제로 당해 부동산을 인도받지 않았다고 해도 B는 소유자이며 A에 대해 자신의 소유권에 기초한 물권적 반환청구권(민법 제213조)을 행사할 수 있는 것처럼, 부동산 소유자 A가 B에게 전세권을 설정해 준 경우 B가 아직 전세목적물을 인도받지 않았다고 해도 B는 자신의 전세권에 기초한 물권적 청구권을 행사하여 A로부터 전세목적물을 인도받을 수 있다(민법 제319조, 제213조). 물론 B로서는 A에 대해서 전세권설정계약에 따른 채권적 청구권으로 위 전세목적물의 인도를 청구할 수도 있을 것이지만, 특히 전세권설정자 A가 전세권 성립 후 목적 부동산을 제3자 C에게 양도한 경우에 전세권자 B로서는 제3자 C에 대해서도 자신의 전세권을 주장하여 목적 부동산의 인도를 구할 수 있다는 점에서, 목적물을 인도받지 않아도 전세권이 성립한 이상 그 용익물권적 권능은 즉시 발현한다는 사실은 중요한 의미를 가진다.[248]

II. 용익물권적 권능의 내용

1. 사용 · 수익권

(1) 의미

전세권자는 전세권이 존속하는 동안 전세권의 목적물을 점유하여

248) 이홍민, 앞의 글 〈전세권의 법적 구조와 전세권저당권에 관한 법률관계〉, 326면.

그 용도에 좇아 이를 사용·수익할 수 있다(민법 제303조 제1항). 이러한 사용·수익권은 전세권의 용익물권적 권능의 핵심적인 부분이라고 할 수 있다. 이에 따라 전세권설정자의 전세목적물에 대한 권리는 전세권자의 사용·수익권의 한도에서 제한되므로, 전세권설정자는 전세권자의 사용·수익을 방해하지 말아야 할 소극적인 인용의무를 부담하게 된다.[249)]

한편 전세권이 담보물권이라고 주장하는 입장에서는 이러한 사용·수익권이 담보물권으로서의 부동산질권의 속성에 의한 것이라고 한다.[250)] 물론 부동산질권은 이른바 수익질로서 목적물에 대한 사용·수익권을 그 내용으로 포함하기 때문에 이렇게 생각할 수 있는 여지도 있을 것이다. 그러나 전세권과 부동산질권은 여러가지 면에서 차이가 있다. 예를 들어 의용민법상 부동산질권설정계약은 요물계약이므로 물건을 인도하는 것이 부동산질권의 성립요건이 되지만,[251)] 전세권에서 전세목적물의 인도는 전세권의 성립요건이라고 할 수 없다.[252)] 또 부동산질권은 담보물권으로서의 질권의 특성상 필연적으로 유치적 효력을 그 내용으로 하므로,[253)] 부동산질

---

249) 郭潤直, 앞의 책《物權法》(新訂版), 475면.

250) 윤대성, 앞의 책, 347-349면.

251) 물론 전세권의 법적 성질에 관한 담보물권설의 주장이 반드시 전세권이 '의용민법'상 부동산질권의 성질을 갖는다는 것은 아니며, 우리 민법이 물권변동에 관한 형식주의의 입법례를 취한 이상 이에 대한 다른 해석이 있을 수도 있다. 그러나 형식주의의 입법례인 독일, 스위스, 만주국, 중화민국 등 외국의 입법례도 부동산질권을 인정하지 않기 때문에 의용민법의 부동산질권과 비교할 수밖에 없었다. 참고로 일본과 마찬가지로 물권변동에 대해 의사주의를 취하고 있는 프랑스도 부동산질권설정계약은 요물계약이라고 본다(川上太郎 외 편/川上太郎 집필,《佛蘭西民法(Ⅴ) 財産取得法(4)》, 有斐閣, 1956, 209頁).

252) 姜台星, 앞의 책, 806면; 郭潤直, 앞의 책《物權法》(新訂版), 471면.

253) 金曾漢·安二濬 편,《擔保物權法》, 葦聲文化社, 1957, 145면.

권에서의 사용 · 수익권은 한편으로는 그 유치적 효력을 강화시키는 기능을 하기도 하지만,[254] 우리 민법상 전세권에 유치적 효력은 전혀 인정되지 않는다는 점에서도 전세권을 마치 의용민법상 부동산질권과 유사한 것처럼 보는 것은 타당하지 않을 것이다.

(2) 내용

가. 용도에 좇은 사용 · 수익

전세권자의 목적 부동산 사용 · 수익은 '용도에 좇아' 하여야 한다. 용도에 좇은 사용 · 수익인지의 여부는 그 부동산의 경제적 효능에 의하여 판단할 것이지만, 구체적으로는 설정계약 또는 목적 부동산의 성질에 의하여 결정된다. 이를 위반한 경우 전세권설정자는 전세권의 소멸을 청구할 수 있고(민법 제311조 제1항), 전세권자에 대하여 원상회복 또는 손해배상을 청구할 수 있다(동조 제2항).

이처럼 용도에 좇은 사용인지와 관련하여, 전세권의 객체가 토지인 경우에 지상권을 대체하는 목적으로 당해 토지를 사용할 수 있는지가 문제된다. 즉 "타인의 토지에 건물 기타 공작물이나 수목을 소유하기 위하여(민법 제279조 참고)", 지상권이 아닌 전세권을 설정할 수 있는지 문제되는 것이다. 이를 부정하는 견해[255]는 다음과 같은 논거를 들고 있다: ① 민법 제303조가 용도에 좇은 사용 · 수익을 규정하면서 제309조가 전세권자의 목적물 현상 유지의무를 규정하고 있는 것으로 볼 때 전세권은 부동산을 원래의 상태대로 유지하면서 이를 사용 · 수익하는 권리로 하고 있는 것이다. 따라서

---

254) 林良平 편/石田喜久夫 집필, 《注釋民法(8)》, 有斐閣, 1965, 317면.
255) 金曾漢 · 金學東, 앞의 책, 414면.

건물 신축이나 수목의 식재는 전세권의 용도에 좇은 사용이라고 할 수 없다. ② 민법은 지상권에 관해서는 최단기간의 제한만 두고 그 최단기간도 상당히 장기임에 반하여(민법 제280조 참고), 전세권에 대해서는 반대로 최장기간의 제한을 두고 그 최장기간도 비교적 단기이다(민법 제312조 참고). 이는 지상권에 있어서는 지상물의 경제적 기능을 다하게 하기 위하여 지상권이 되도록 장기일 것을 바라고, 반대로 전세권에 있어서는 너무 장기로 되지 않기를 바라는 데 기한 것으로, 만일 지상권을 대체하기 위한 전세권을 긍정하면 지상권의 최단기간을 정한 취지가 말살되고 말 것이다.

그러나 이 견해는 지나치게 전세권자의 목적물 사용을 제한한다는 점에서 찬성할 수 없다. 과거의 전세관행이 건물만을 그 목적으로 했던 것과 달리 현행법은 토지도 전세권의 객체가 될 수 있도록 하였는데, 이는 오히려 당사자로 하여금 전세권과 지상권 중 당사자의 구체적인 목적에 따라 선택하여 활용할 수 있도록 하였다고 보는 것이 타당할 것이다. 또 만일 건물이나 수목의 소유를 목적으로 하는 토지전세권의 설정을 금한다면 지상물소유를 위한 토지의 이용은 지상권이나 임차권에 의할 수밖에 없는데, 이 경우 토지의 단기사용을 위한 물권의 취득은 불가능해진다는 점에서 오히려 이용권의 강화라는 측면에 역행하는 결과가 된다. 이처럼 지상권과 같은 목적으로 전세권을 설정할 수도 있다는 견해가 다수의 견해[256]이며, 타당하다고 생각한다.

---

256) 郭潤直, 앞의 책《物權法》(新訂版), 462-464면; 김상용, 앞의 책《물권법》, 497-498면 등.

나. 과실수취권

전세권자는 수익권이 있으므로 목적물의 사용이익과 더불어 과실수취권을 가진다. 그 과실에 천연과실과 법정과실이 모두 포함됨은 당연하며, 전세권자는 목적 부동산을 타인에게 임대하거나 다시 전세권을 설정하는 등의 방법으로 수익을 올릴 수 있다.[257] 한편, 목적토지의 일부가 승역지로 제공된 상태에서 전세권이 설정되었을 때에 지역권자가 지급하는 대가의 귀속문제 등 과실이 생기기까지 사이에 수익권자에 변동이 생긴 경우의 과실귀속의 문제는 민법 제102조에 따라 해결할 것이지만, 이 규정은 임의규정이므로 당사자 사이의 특약으로 별도로 정할 수 있음은 물론이다.[258]

다. 점유권 및 물권적 청구권

전세권자는 전세목적물을 사용 · 수익하기 위하여 당해 목적물을 '점유'할 수 있다(민법 제303조 제1항 참조). 따라서 전세권자의 점유가 침탈되거나 방해받거나 또는 방해받을 염려가 있는 때에는 점유권에 기한 물권적 청구권이 인정된다(민법 제204조-제206조).[259]

한편 전세권 역시 물권이므로 이를 침해받은 때에는 전세권에 기한 물권적 청구권이 인정되며, 전세권은 점유를 수반하므로 반환청구권, 방해제거청구권, 방해예방청구권의 세 가지가 모두 인정된다(민법 제319조, 제213조, 제214조).

257) 李銀榮, 앞의 책, 656-657면.
258) 郭潤直 편/朴炳大 집필, 앞의 책, 176면.
259) 姜台星, 앞의 책, 819면.

라. 상린관계법의 준용

토지의 전세권은 물론 건물의 전세권도 그 토지의 이용을 수반한다는 점에서 전세권은 토지를 이용하는 권리라고 할 수 있으므로,[260)]인접하는 토지와의 이용의 조절을 위한 민법상 상린관계에 관한 규정이 준용된다(민법 제319조). 따라서 전세권자는 인접하는 토지소유자에 대하여 인지사용청구권(민법 제216조), 주위토지통행권(민법 제219조) 등의 권리를 행사할 수 있고, 이웃 토지의 사용을 방해하거나 이웃 거주자의 생활을 방해하지 않을 의무(민법 제217조) 등의 의무를 부담하게 된다.

(3) 한계

가. 전세 목적물의 유지 · 수선의무

전세권자의 이와 같은 사용 · 수익권은, 전세목적물의 현상을 유지하고 그 통상의 관리에 속한 수선을 해야 한다는 제한을 받는다(민법 제309조). 여기서 현상의 유지란 전세권의 존속 중 목적물의 사용 · 수익에 필요한 상태를 유지한다는 뜻이다. 만일 전세권자가 현상유지의무를 위반하는 경우에는 결국 목적부동산의 용도에 따르지 않는 사용 · 수익이 될 것이므로, 전세권설정자는 그의 의무위반을 이유로 전세권의 소멸을 청구하고 원상회복 또는 손해배상을 청구할 수 있다(민법 제311조).

또 여기서 통상의 관리에 속한 수선이란 목적물의 통상의 유지에 필요한 한도 내에서 하는 수선을 말한다. 그러나 더 구체적인 것은 거래관념과 신의칙에 따라 판단하여야 한다.[261)] 만일 전세권자

---

260) 姜台星, 앞의 책, 818면; 郭潤直, 앞의 책《物權法》(新訂版), 475면.
261) 김상용, 앞의 책《물권법》, 515면.

가 수선의무를 위반하였을 경우, 수선을 소홀히 한 것만으로 전세권설정자가 전세권소멸청구나 손해배상청구를 할 수는 없을 것이다.[262] 그러나 전세권자에게 수선할 책임이 있는 이상, 수선의무위반에 기초하여 목적부동산의 전부 또는 일부가 멸실된 경우에는 그 손해를 배상할 책임이 있다고 할 것이다(민법 제315조 제1항). 또 물권적 전세인 전세권에서는 이처럼 전세권자가 수선의무를 부담하기 때문에, 전세권자로서는 목적부동산에 대하여 필요비를 지출하였다고 해도 부동산 소유자에 대하여 그 상환을 청구할 수 없다.

다만 민법 제309조가 전세권자에게 항상 수선의무를 부담하도록 하는 것에 대해서는 입법론상 문제가 있다고 생각한다. 즉 물권적 전세로서의 전세권과 달리, 채권적 전세에서 수선의무를 부담하는 자는 민법 제623조에 의해 임대인 내지 소유자라고 할 수 있는데,[263] [264] 이렇게 볼 경우 채권적 전세에 관한 계약을 체결하면서

---

262) 김상용, 위의 책, 515면.

263) 채권적 전세에서 수선의무를 누가 부담하는지에 관한 문제는 채권적 전세의 법적 성질을 어떻게 파악하느냐와 밀접하게 관련된 문제이다. 이에 관한 상세는 이홍민, 앞의 글 〈채권적 전세의 법적 규율〉, 112-120면 참고.

264) 판례는, 비록 형사판결이기는 하지만, 대법원 1978.1.24. 선고 77도3465 판결이 "부엌방에서 부엌으로 통하는 문에 틈이 있고 부엌방의 바닥에 심한 균열이 있다하여도 이를 반드시 임차인의 통상의 관리에 속하는 수선이 아니고 임대인에게 수선의무가 있는 대규모의 것이라고 할 수 없다"고 한 것에 대해, 채권적 전세에 있어 목적물에 대한 통상의 수선과 관리의무는 전세권자 즉 임차인에게 있음을 명백히 밝혀, 임대차에 관한 민법 제623조가 아니라 전세권에 관한 민법 제309조가 적용됨을 그 전제로 하고 있다는 평가가 있다(徐晟, 〈債權的 傳貰權에 있어 民法의 通用法條 — 目的物에 對한 通商의 管理義務와 關聯하여〉, 《司法行政》 제20권 제2호, 韓國司法行政學會, 1979, 70면). 그러나 이 판결은 참조조문으로 민법 제623조를 들고 있을 뿐만 아니라, 이후에 계속된 판결들(대법원 1984.1.24. 선고 81도615 판결; 대법원 1986.7.8. 선고 86도383 판결; 대법원 1993.9.10. 선고 93도196 판결 등)에서 채권적 전세가 아닌 단순한 임대차

그 전세금 반환을 확보하기 위해 물권으로서의 전세권을 설정하는 경우[265]에 수선의무를 누가 부담하는지가 문제된다. 즉 이러한 경우에 임대차에 관한 규정인 민법 제623조가 적용되는지, 아니면 전세권설정계약에 근거하여 민법 제309조가 적용되는지 문제가 되는데, 우선 당사자의 목적이나 전세금 반환을 확보하기 위해 저당권을 설정한 경우와 비교할 때, 민법 제309조가 적용되어 세입자가 수선의무를 부담한다고 하기는 힘들 것이다. 그러나 그렇다고 해도 물권으로서의 전세권을 설정한 이상 민법 제309조의 적용을 배제하는 것도 곤란하다.

민법 제309조는 그 제정과정을 살펴보아도, 어떤 현실적 필요나 이론적 근거에 의하여 도입된 규정으로 보기 힘들다. 즉, 민법 제309조는 민법초안 제297조가 그대로 국회를 통과하여 성립한 규

관계에 대해서도 완전히 동일한 내용의 판시를 하고 있는 것을 보면, 위의 판결은 오히려 채권적 전세에 민법 제623조가 적용되는 것을 전제로 임대인의 형사책임과 관련하여 임대인의 수선의무의 범위를 제한한 것에 불과하다고 보는 것이 타당하다고 생각한다. 이와 관련된 대법원의 민사판결은 없지만, 서울고법 1965.8.20. 선고 65나652 제4민사부판결은 "채권적 전세권에 있어서는 전세권자는 전세권설정자에게 전세금을 사용케 할 의무가 있는 반면 전세권설정자는 전세권자에게 전세목적물을 사용 수익케 할 의무가 있는 것으로서 만약에 전세목적물이 그 당사자 쌍방의 귀책사유 아닌 다른 사유로서 멸실된 관계로 전세권설정자가 전세권자로 하여금 사용 수익케 할 의무를 이행할 수 없게 된 경우에는, 그 의무있는 전세권설정자가 소위 채무자로서 위험을 부담하는 것"이라고 하는데, 이는 채권적 전세에 민법 제623조가 적용된다는 점을 분명하게 보여주는 판례라고 할 수 있을 것이다.

265) 대법원 2005.5.26. 선고 2003다12311 판결 참고. 그 밖에, 오피스텔 등 준주택의 경우에 세입자가 전입신고를 하면 주택으로 간주된다는 점 때문에 집주인이 전입신고를 꺼리는 경우 합의에 의해 전세권 설정등기를 하는 경우("전세 보증금 떼이지 않으려면", 《중앙일보》 2010.10.25. E14면 기사 참고)에도 같은 문제가 발생한다.

정으로 전세관행 및 만주민법 제298조[266]를 참고한 규정이라고 할 수 있다.[267] 그런데, 우선 만주민법 제298조를 보면, 이 규정은 만주의 관습상 전물(典物)의 사용수익상 필요한 통상의 관리비용 기타 공과금에 대해서 대체로 전권자의 부담이었던 것을 명기한 것으로서,[268] 이러한 관습은 '유매(留買)'[269]제도에 의하여 전권자가 전물에 대한 소유권을 취득할 기대권을 갖는 등 전권자와 전물의 관계가 밀접하다는 점에서 근거한 것이라고 할 수 있다.[270] 그러나 우리의 전세관행상 '유매'와 같은 제도는 인정되지 않았고, 전세권자와 전세목적물의 관계가 전권에서처럼 밀접하다고 하기는 힘들 것이므로 만주민법 제298조에 해당하는 규정을 입법할 필요는 없었다고 할 수 있다. 또 민법 제309조의 근거가 된다고 할 수 있는 전세관행은 "일체의 가옥 수선은 전세입자의 비용으로 한다"[271]는 1943년의 조사에 따른 것인데, 이 조사는 한 복덕방의 노주인에 대한 조사[272]에 불과했을 뿐만 아니라, 전세관행에 대한 다른 조사들에 의

266) 만주민법 제298조는 다음과 같다: "전권자(典權者)는 관리비용 기타 부동산의 부담을 맡는다."

267) 명순구, 앞의 책《실록 대한민국 민법 2》, 344-346면 참고.

268) 石田文次郎 · 村教三,《滿洲民法(物權)》, 有斐閣, 1942, 182면. 다만 이에 대해서는 특약에 의해 전권설정자가 부담하도록 하는 경우도 종종 있다고 한다(같은 책, 182-183면은 특히 건물의 수리비용에 대한 특약을 예시로 들고 있다).

269) 전권설정자가 전물(典物)을 타인에게 양도하려 할 때 전권자가 그 부동산을 동일한 가격으로 매수하겠다는 의사를 표시하면 전권설정자는 정당한 이유없이 이를 거절하지 못하도록 하는 제도(만주민법 제300조, 제301조, 제305조 참고)이다. 이와 같은 제도는 종래 만주에서의 관행이기도 하며 '典不壓賣', '當不讓賣'와 같은 법언에서도 찾아볼 수 있다고 한다(石田文次郎 · 村教三, 위의 책, 187면).

270) 명순구, 위의 책, 349면 참고.

271) 京城帝國大學社會調查部法律學班, 앞의 글〈傳貰慣行の實證的研究 3〉, 54면.

272) 京城帝國大學社會調查部法律學班, 위의 글, 54면.

하면 "가옥의 수선은 대주의 부담이지만, 소수선(小修繕)은 차주의 부담"이라고 하여,[273] 오히려 전세권설정자 또는 소유권자가 원칙적으로 수선의무를 부담하는 것을 전제로 일정한 소수선에 대해서는 그 수선의무의 범위를 제한하고 있다.[274]

이처럼 만주민법상 전권(典權)에 관한 규정들은 우리의 전세권과 다른 부분이 많으며, 가옥에 대한 일체의 수선을 전세입자가 부담한다는 관행도 확고한 것이라고 하기 힘든 상황에서, 민법 제309조와 같은 규정을 명문으로 도입한 것은 적절하지 않았다고 할 수 있을 것이다. 이러한 점은 민법 제309조가 물권인 전세권의 내용을 구성하는 규정임에도 불구하고 이를 임의규정이라고 해석하여, 당사자간의 특약에 의해 전세권자의 수선의무를 배제하는 것이 허용된다고 보는 점[275]이나, 현행 민법 시행 이후 민법 제309조를 적용한 판례가 단 1건도 없다는 점에서도 그러하다.

따라서 민법 제309조는 삭제하는 것이 타당하다고 생각한다. 이와 같이 민법 제309조를 삭제한다고 해도, 일반적인 전세권이 설정되었을 경우에는 전세권설정자는 지상권설정자와 마찬가지로, 전세목적물의 사용 · 수익에 필요한 상태를 유지하게 할 의무를 부담하는 것이 아니라 소극적으로 전세권자의 사용 · 수익을 용인할 의무만을 부담한다는 점에서, 그 수선의무를 부담한다고 할 수 없고,

---

273) 정긍식, 앞의 책《國譯 慣習調査報告書》, 290면; 吉田平治郎, 앞의 글, 14-15면도 "가옥의 소수선(小修繕)은 전세권자에게 이를 부담시키는 것이 통례"라고 하고 있다.

274) 이러한 조사 결과는 앞에서 본 대법원 1978.1.24. 선고 77도3465 판결의 태도와 같다고 할 수 있다.

275) 郭潤直 편/朴炳大 집필, 앞의 책, 219면; 金龍潭 편/朴淳成 집필,《註釋民法 物權(3)》, 韓國司法行政學會, 2011, 329면 등.

전세권자가 수선에 필요한 비용을 지출한 경우에 그 필요비의 상환 청구도 인정되지 않을 것이다. 즉 일반적으로 전세권이 설정되었을 때에는 현행 민법 제309조가 존재하는 경우와 크게 다르지 않다고 할 수 있다. 다만 전세권만이 설정된 것이 아니라, 전세권설정과 별도로 채권적 전세계약이 체결된 경우, 채권적 전세계약에 따라 전세권설정자가 적극적으로 전세목적물의 사용 · 수익에 필요한 상태를 유지할 의무를 부담하게 된다고 할 수 있으므로 이 경우에는 그 의무로 인하여 수선의무도 부담한다고 해야 할 것이며, 이를 위해서는 민법 제309조를 삭제할 필요가 있는 것이다.[276]

법무부는 최근 주택임대차와 관련하여 소송 내지 소송 외에서 그동안 분쟁이 되어 왔던 많은 문제를 계약서에 대폭 편입시킨 '새 주택임대차표준계약서'를 출시하였는데, 그 핵심적인 내용 중에 하나는 이와 같은 수선의무를 누가 부담할 것인지에 대한 것이다.[277] 이는 주택의 수선의무와 관련된 다툼이 실제로 많이 발생한다는 점을 방증한다. 그럼에도 최근 법무부의 민법개정 논의에서 민법 제309조의 수선의무에 관한 논의는 전혀 이루어지지 않았고, 이에 따라 개정시안에도 이러한 내용은 포함되지 않았는데, 이는 무척 아쉬운 일이다.

나. 최장기간의 제한

전세권의 존속기간은 당사자가 전세권 설정계약에 의하여 임의로

---

276) 이홍민, 앞의 글 〈채권적 전세의 법적 규율〉, 121-123면.

277) "임차인 보호 강화 '새 주택임대차표준계약서' 나왔다", 《법률신문》 2013.7.21. 기사<http://www.lawtimes.co.kr/LawNews/News/NewsContents.aspx?kind=AD&serial=76966> 참고.

정할 수 있음이 원칙이지만, 설정계약에서 존속기간을 정한 경우에도 그 최장기간에는 제한이 있다. 즉 전세권의 존속기간은 10년을 넘지 못하며, 당사자의 약정기간이 10년을 넘는 경우에는 10년으로 단축한다(민법 제312조 제1항). 민법 제312조는 "전세권의 존속기간"이라는 조문 제목하에 이러한 내용을 규정하고 있지만, 여기서 '전세권'이란 전세권 일반을 의미하는 것이 아니고, 전세권의 용익물권적 권능만을 의미하는 것으로 보아야 한다.[278] 전세권의 담보물권적 권능은 이 기간이 만료되었다고 해도 소멸하는 것이 아니며, 전세금반환채권이라는 피담보채권이 소멸되어야 비로소 소멸하게 되기 때문이다. 예를 들어 전세권자 A가 전세권설정자 B의 토지에 전세권을 설정한 경우에 10년의 존속기간을 약정하였다고 하면, 10년의 경과로 전세권자 A는 더 이상 위 토지를 사용 · 수익할 수 없게 된다. 그러나 10년이 경과하였다고 하여도 A가 위 전세권에 따라 지급한 전세금을 반환하기 전까지 B는 위 전세권 등기를 소멸시킬 수 없다(민법 제317조 참고). 오히려 B가 전세금을 반환하지 않을 경우 A는 10년이 경과한 후에도 위 토지의 경매를 청구할 수 있고(민법 제318조), 그 경매대가에서 우선변제를 받는 것도 가능하다(민법 제303조 제1항 후문). 이처럼 전세권의 담보물권적 권능은 당사자가 약정한 존속기간이 경과한 후에도 전세금을 반환받을 때까지 유효하게 존속하게 되므로, 민법 제312조에서 의미하는 '전세권의 존속기간'이란 결국 전세권의 '용익물권적 권능'의 존속기간이라고 보아야 할 것이다. 최근 법무부의 민법 개정시안도 민법

---

278) 대법원 2005.3.25. 선고 2003다35659 판결; 대법원 2008.3.13. 선고 2006다29372, 29389 판결 참고.

제312조의 '전세권의 존속기간'을 '전세물의 사용 · 수익기간'으로 수정함으로써 이러한 점을 분명히 하고 있다.

이와 같은 전세권의 용익물권적 권능의 존속기간이 만료한 경우 당사자는 약정에 의하여 이를 갱신할 수 있다. 다만 이 경우에도 그 갱신한 날로부터 10년을 넘지 못한다(민법 제312조 제3항).

한편 이러한 전세권의 최장기간을 제한하는 것에 대해서는 임차권과의 관계에서 입법론적으로 비판이 있다. 즉 채권인 임차권에 대해서는 민법 제651조에서, 석조 · 석회조 · 연와조 또는 이와 유사한 견고한 건물 기타 공작물의 소유를 목적으로 하는 토지임대차나 식목 · 채염을 목적으로 하는 토지임대차에 대해서는 최장기간을 두고 있지 않으며, 이를 제외한 경우에도 최장기간은 20년으로 하고 있다. 그럼에도 불구하고 물권인 전세권에 대해서 최장기간을 10년으로 한 것은 형평의 원칙에 맞지 않는다는 것이다.[279] 임차권과의 비교에서 뿐만 아니라 소멸시효 기간과의 체계에 비추어 보아도 이러한 비판은 타당하다고 생각한다. 즉 민법 제162조 제2항에 따라 전세권은 원칙적으로 20년의 소멸시효에 걸리게 되어 있지만, 최장기간이 10년이라는 점 때문에, 전세권이 소멸시효에 걸리는 일은 없게 된다.[280] 그러나 전세권도 재산권이라는 점에서 이러한 입

---

279) 李英俊 편/ 高翔龍 집필, 《註釋 物權法》(下), 韓國司法行政學會, 1993, 163면.

280) 혹시 전세권이 10년의 최장기간의 경과로 소멸하였다고 하였을 때에 소멸하는 것은 그 용익물권적 권능일 뿐이므로, 담보물권적 권능에 대해서는 소멸시효에 관한 이 규정이 의미를 가질 수 있지 않을까 라는 생각을 할 수도 있다. 그러나 용익물권적 권능이 소멸한 경우 전세금반환채권이라는 피담보채권에 부종하는 담보물권적 권능은 전세금반환채권의 소멸로 역시 소멸하게 되며, 전세금반환채권은 10년의 소멸시효에 걸리게 되므로(민법 제162조 제1항), 이 경우에도 역시 전세권이 소멸시효에 걸리는 일은 없게 된다.

법 태도가 타당한지에 대해서는 의문이 있다.

다. 존속기간을 정하지 않은 경우

당사자가 전세권설정계약에서 (그 용익물권적 권능에 대한) 존속기간에 관하여 약정을 하지 않는 것도 물론 가능하다. 그러나 이러한 때에는 전세권자와 전세권설정자 모두 언제든지 상대방에 대하여 전세권의 소멸을 통고할 수 있고 상대방이 이 통고를 받은 날로부터 6월이 경과하면 전세권은 소멸한다(민법 제313조). 물론 이 경우에도 소멸하는 것은 전세권의 용익물권적 권능에 한한다.

민법 제313조의 소멸통고의 법적 성질에 대해서는 이를 형성권으로 보는 것이 일반적이다. 여기에서도 소멸통고의 의사표시만으로 물권이 소멸하는가 여부에 대하여 학설이 대립한다. 1설은 소멸통고 후 6개월이 경과하면 말소등기 없이도 전세권은 소멸한다는 입장이고,[281] 2설은 소멸통고 후 6개월이 경과하면 말소등기청구권이 발생하고 이에 기하여 말소등기를 해야만 전세권이 소멸한다는 입장이다.[282] 그러나 이러한 견해의 대립은 소멸통고에 의해 소멸하는 것이 전세권 자체가 아니라 전세권의 용익물권적 권능에 불과한 것을 간과한 것이다.[283] 즉 피담보채권의 역할을 하는 전세금이 반환되어 전세권의 담보물권적 권능까지도 소멸해야 비로소 전세권 소멸의 등기를 할 수 있는 것이지, 전세금의 반환도 없이 단순히 민법 제313조의 소멸통고 후 6개월이 지났다는 이유로 전세권의

281) 郭潤直 편/朴炳大 집필, 앞의 책, 241면.

282) 郭潤直, 앞의 책《物權法》(新訂版), 158면.

283) 李相泰, 〈傳貰權 消滅의 解釋論〉, 《一鑑法學》 제5권, 건국대학교 법학연구소, 2000, 50면.

말소등기를 하는 것은 허용되지 않으므로, 위의 두 견해는 모두 전세권이 지상권과 달리 담보물권적 권능을 포함하고 있는 점을 도외시한 것으로 따를 수 없다.

한편 이 규정에 대해서는, 지상권의 경우 존속기간을 약정하지 않은 경우에 그 최단기간을 존속기간으로 보는 민법 제281조와 비교해 볼 때에 전세권자의 지위를 지나치게 약화시키는 것이라는 비판이 있다.[284] 그러나 건물에 대한 전세권이 아닌 한 전세권에 대해서 최단기간을 두지 않은 것은 전세권에 관한 입법 당시 전세기간이 그다지 길지 않았던 것을 반영한 것으로 볼 수 있을 것이며,[285] 민법 제313조에 의하여 전세권의 소멸통고가 있다고 해도 그로부터 최소한 6개월은 존속기간이 보장된다는 점에서 이러한 비판에는 찬성하기 어렵다. 다만 입법론으로 토지에 관한 전세권에 대해서도 최단기간을 설정하도록 하자는 주장은 가능할 것이다.[286]

2. 건물 전세권의 존속보장

(1) 최단기간의 제한

건물에 대한 전세권은 최소한 1년의 존속기간을 보장한다. 따라서 건물에 대한 전세권의 존속기간을 1년 미만으로 정한 때에는 이를 1년으로 한다(민법 제312조 제2항). 이 규정은 1984년 4월 10일 법

---

284) 張庚鶴, 《物權法》, 法文社, 1987, 612면.

285) 앞에서 본 바처럼, "전세관행의 실증적 연구"의 내용에 의하면, 조사대상 중 기간을 정한 32건의 사건 가운데 기간을 100일로 한 것이 16건, 3개월 혹은 4개월로 한 것이 10건이었다고 한다(京城帝國大學社會調查部法律學班, 앞의 글 〈傳貰慣行の實證的研究 3〉, 55면).

286) 郭潤直 편/朴炳大 집필, 앞의 책, 240면.

률 제3723호에 의한 제6차 민법 개정에 의하여 신설된 규정이다. 이는 한 편으로는 용익권자의 지위를 강화 · 보장해 주려는 근래의 입법추세에 따른 것이라고 할 수도 있지만,[287] 직접적으로는 1981년에 주택임대차보호법이 신설되면서 주택임대차의 최단기간을 1년으로 정한 것[288]과 균형을 맞추기 위한 것이라고 할 수 있다.[289] 다만 1989년 12월 30일 법률 제4188호에 의한 주택임대차보호법 개정으로, 현재 주택임대차의 최단기간은 2년인데(현행 주택임대차보호법 제4조 제1항 참고), 건물인 주택에 관한 전세권의 최단기간은 물권임에도 불구하고 1년이라는 것은 균형을 잃은 것이라고 볼 수 있다.[290] 앞으로 개정이 필요한 부분이라고 생각한다. 다만 이러한 의견은 최근 법무부의 민법 개정시안에는 반영되지 않았다. 아쉬운 부분이다.

(2) 법정갱신의 인정

건물의 전세권설정자가 전세권의 존속기간 만료전 6월부터 1월까

---

287) 윤대성, 앞의 책, 291면; 郭潤直 편/朴炳大 집필, 위의 책, 227면.

288) 1989년 12월 30일 개정되기 전의 주택임대차보호법이 명확히 주택임대차의 최단존속기간을 정하고 있던 것은 아니다. 다만 동법 제4조 제1항은 "기간을 1년 미만으로 정한 임대차는 그 기간의 정함이 없는 것으로 본다"라고 하면서 제5조에서 "기간의 정함이 없는 임대차에 있어 임대인은 계약을 체결한 날로부터 6월이 경과하지 아니하면 계약의 해지통고를 할 수 없다"라고 하는데, 민법 제635조 제2항 제1호에 의하여 임대인이 해지통고를 한 경우 6개월이 경과해야 해지의 효력이 생기므로, 실질적으로 주택임대차에 대해서는 최소한 1년의 기간을 보장한 것과 같은 결과가 되었다. 그 후 1989년 개정된 주택임대차보호법 제4조 제1항은 "기간을 정하지 아니하거나 2년 미만으로 정한 임대차는 그 기간을 2년으로 본다"라고 하여 최단존속기간을 2년으로 명확히 규정하였다.

289) 李英俊 편/ 高翔龍 집필, 앞의 책, 163면.

290) 李英俊 편/ 高翔龍 집필, 위의 책, 164면.

지 사이에 전세권자에 대하여 갱신거절의 통지 또는 조건을 변경하지 아니하면 갱신하지 아니한다는 뜻의 통지를 하지 아니한 경우에는 그 기간이 만료된 때에 전전세권과 동일한 조건으로 다시 전세권을 설정한 것으로 본다. 이 경우 전세권의 존속기간은 그 정함이 없는 것으로 본다(민법 제312조 제4항).

이 규정도 1984년 4월 10일 법률 제3723호에 의한 제6차 민법 개정에 의하여 신설된 규정으로, 당시의 주택임대차보호법 제6조에 대응한 것이다. 즉 주택임대차보호법 신설에 의하여 주거용건물에 관한 한 임차인이 전세권자보다 오히려 두터운 보호를 누리게 되어 있던 제도적 불균형을 시정하기 위한 조치로서 신설된 것이다.[291)]

이처럼 법정갱신이 이루어진다고 할 때에 이 또한 등기하여야만 효력이 생긴다고 하는 견해도 있지만,[292)] 법정갱신은 법률 규정에 의한 물권변동이라고 할 것이므로 등기 없이도 효력이 있다고 해석해야 할 것이다. 대법원 1989.7.11. 선고 88다카21029 판결도 "전세권의 법정갱신(민법 제312조 제4항)은 법률의 규정에 의한 부동산에 관한 물권의 변동이므로 전세권갱신에 관한 등기를 필요로 하지 아니하고 전세권자는 그 등기없이도 전세권설정자나 그 목적물을 취득한 제3자에 대하여 그 권리를 주장할 수 있다"라고 하고 있다.

(3) 건물전세권의 지상권 · 임차권에 대한 효력

타인의 토지 위에 있는 건물에 전세권을 설정한 때에는 그 전세권의 효력은 그 건물의 소유를 목적으로 하는 지상권 또는 임차권에

291) 郭潤直 편/朴炳大 집필, 앞의 책, 230면.

292) 郭潤直, 앞의 책《物權法》(新訂版), 472면.

도 미친다(민법 제304조 제1항). 예를 들어 토지소유자는 A이고, B는 지상권 또는 임차권과 같은 적법한 토지사용권원을 가지고 A의 토지 위에 자신(B) 소유의 건물을 가지고 있는 경우에, B가 C에게 위 건물의 전세권을 설정해 준 경우 전세권자인 C는 A로부터 별도의 토지사용권원을 취득하지 않더라도 B(지상권자 또는 임차인)와 마찬가지로 건물 점유부분의 토지를 적법하게 이용할 수 있는 권리가 있다는 것이다.

그런데 여기서 "전세권의 효력"이 "지상권 또는 임차권에도 미친다"는 의미에 대해서는 견해의 대립이 있다. 1설은 전세권자가 그 지상권 또는 임차권 자체에 대하여 법률상 당연히 전세권을 취득하는 것으로 이해하면서 이는 법률의 규정에 의한 물권 취득이므로 별도의 등기가 없어도 효력이 생긴다고 한다.[293] 이에 대해 2설은 전세권의 목적이 되는 것은 어디까지나 부동산이므로, 이 규정의 의미는 전세권자가 마치 자신이 지상권자 또는 임차인인 것 같이 그 토지를 이용할 수 있다는 것을 표현한 것에 불과하다고 해석하고 있다.[294] 민법 제305조의 법정지상권이 인정되는 경우에도 그 권리는 건물소유자에게 귀속되며 그로써 전세권자는 충분히 대지이용권을 확보할 수 있으며, 전세권자에게 그 법정지상권에 대한 별도의 전세권을 인정하는 것은 아니라는 점과 비교해 볼 때에 2설이 타당하다고 생각한다.[295] 대법원 2010.8.19. 선고 2010다43801 판결도 "민법 제304조는 전세권을 설정하는 건물소유자가 건물의

293) 金基善, 앞의 책, 302면.

294) 郭潤直, 앞의 책《物權法》(新訂版), 474면; 郭潤直 편/朴炳大 집필, 앞의 책, 199면.

295) 郭潤直 편/朴炳大 집필, 위의 책, 199면.

존립에 필요한 지상권 또는 임차권과 같은 토지사용권을 가지고 있는 경우에 관한 것으로서, 그 경우에 건물전세권자로 하여금 토지소유자에 대하여 건물소유자, 즉 전세권설정자의 그러한 토지사용권을 원용할 수 있도록 함으로써 토지소유자 기타 토지에 대하여 권리를 가지는 사람에 대한 관계에서 건물전세권자를 보다 안전한 지위에 놓으려는 취지의 규정이다"라고 하고 있다.

그리고 이와 같이 전세권의 효력은 건물의 소유를 목적으로 하는 지상권이나 임차권에 미치기 때문에, 전세권설정자는 전세권자의 동의없이 지상권 또는 임차권을 소멸하게 하는 행위를 하지 못한다(민법 제304조 제2항). 이와 관련하여 위의 대법원 2010.8.19. 선고 2010다43801 판결은 "지상권을 가지는 건물소유자가 그 건물에 전세권을 설정하였으나 그가 2년 이상의 지료를 지급하지 아니하였음을 이유로 지상권설정자, 즉 토지소유자의 청구로 지상권이 소멸하는 것(민법 제287조 참조)은 전세권설정자가 전세권자의 동의 없이는 할 수 없는 위 민법 제304조 제2항 상의 '지상권 또는 임차권을 소멸하게 하는 행위'에 해당하지 아니한다"고 하고 있다.

(4) 법정지상권

대지와 건물이 동일한 소유자에게 속한 경우에 건물에 전세권을 설정한 때에는 그 대지소유권의 특별승계인은 전세권설정자에 대하여 지상권을 설정한 것으로 본다(민법 제305조 제1항 1문). 예를 들어 A가 대지와 건물의 소유자인데, A가 B에게 건물에 대한 전세권을 설정해 준 후 대지의 소유권을 C에게 양도한 경우에 전세권설정자 A에게 법정지상권을 인정하는 것이다. 이 경우 지료는 당사자의 청구에 의하여 법원이 이를 정한다(민법 제305조 제1항 2문). 대지소유권이 A에게 있을 당시에는 전세권자 B의 대지사용권이 문제되지 않지만, 대지소유권이 다른 사람에게 넘어가면 B의 대지사용권이 문제가 된다는 점에서 이러한 규정을 둔 것이다. 따라서 이 규정은 '전세권설정 당시'에 토지와 건물이 동일인의 소유에 속하였음을 전제로 한다. 만일 전세권설정 당시에 이미 토지와 건물의 소유자가 서로 다르다면 당사자 사이에 건물을 위한 대지이용관계가 약정되어 있어야 할 것이고, 설령 그렇지 않은 경우에 그 사정을 알면서 건물에 전세권을 취득한 자에게까지 법률에 의하여 대지이용권을 보장해 줄 필요는 없기 때문이다.[296)]

여기서 지상권이란 지상물을 소유하기 위한 권리라는 점에서, 위의 사례에서 법정지상권을 취득하는 사람은 전세권자(B)가 아니라 건물의 소유자, 즉 전세권설정자(A)이다. 이 경우 전세권자 B로서는 민법 제304조 제1항에 의하여 A의 법정지상권에 자신의 전세권의 효력이 미친다는 것을 주장할 수 있을 뿐이며, 다만 전세권설정자는 전세권자의 동의 없이 이 법정지상권을 소멸하게 하는 행위를 하지 못한다(민법 제304조 제2항). 대법원 2007.8.24. 선고 2006다14684 판결도 "토지와 건물을 함께 소유하던 토지 · 건물의 소유자가 건물에 대하여 전세권을 설정하여 주었는데 그 후 토지가 타인에게 경락되어 민법 제305조 제1항에 의한 법정지상권을 취득한 상태에서 다시 건물을 타인에게 양도한 경우, 그 건물을 양수하여 소유권을 취득한 자는 특별한 사정이 없는 한 법정지상권을 취득할 지위를 가지게 되고, 다른 한편으로는 전세권 관계도 이전받게 되는 바, 민법 제304조 등에 비추어 건물 양수인이 토지 소유자와의

296) 郭潤直 편/朴炳大 집필, 앞의 책, 202면.

관계에서 전세권자의 동의 없이 법정지상권을 취득할 지위를 소멸시켰다고 하더라도, 그 건물 양수인은 물론 토지 소유자도 그 사유를 들어 전세권자에게 대항할 수 없다"라고 한다.

한편 민법 제305조 제2항은 "전항의 경우에 대지소유자는 타인에게 그 대지를 임대하거나 이를 목적으로 한 지상권 또는 전세권을 설정하지 못한다"라고 하고 있는데, 여기서 "전항의 경우"가 의미하는 것이 무엇인지에 대해서는 견해 대립이 있다. 종래의 다수설인 1설[297]은 "전항의 경우"를 "제1항에 의하여 법정지상권이 성립한 경우"라고 해석하고, 이에 대해 최근의 유력설인 2설[298]은 "토지와 건물이 동일한 소유자에 속한 경우에 건물에 전세권을 설정한 때"라고 해석한다. 즉 1설은 민법 제305조 제2항의 "전항의 경우"를 제1항의 요건 전부를 갖추어 그 효과가 발생하였을 때로 해석하는 것이고, 2설은 제1항의 요건 중 일부를 갖추었을 때로 해석하는 것이다.

그런데 1설에 따를 경우에는 민법 제305조 제2항이 별다른 의미 없는 무익한 규정이 되어 버린다.[299] 예를 들어, 위에서 본 것처럼 A가 대지와 건물의 소유자인데, A가 B에게 건물에 대한 전세권을 설정해 준 후 대지의 소유권을 C에게 양도한 경우에, A에게 법정지상권을 인정하는 것이 민법 제305조 제1항의 내용이다. 그런데 여기서 1설에 따라 제2항이 적용되는 예를 생각해 보면, 이미 법정지상권이 성립한 경우이므로 제2항의 "대지소유자"란 제1항의 "대지소유권의 특별승계인", 즉 C라고 하게 될 것이다. 이 경우 민법 제

---

297) 郭潤直 편/朴炳大 집필, 앞의 책, 205면.

298) 梁彰洙, 앞의 글, 106면; 池元林, 앞의 책, 710면.

299) 郭潤直 편/朴炳大 집필, 위의 책, 206면.

305조 제2항의 취지는 대지소유자인 C로 하여금 법정지상권의 행사를 방해하지 못하게 하려는 데 뜻이 있는 규정이라고 할 수 있다.[300] 그런데 C가 위 대지를 D에게 임대하였다고 하여도 임차인인 D로서는 채권인 임차권으로 법정지상권에 대항할 수 없으므로 A의 법정지상권에는 아무런 영향을 미치지 못한다. 또 C가 위 대지를 목적으로 E에게 지상권 또는 전세권을 설정한다고 해도 이들 지상권 또는 전세권은 앞서 성립한 법정지상권보다 후순위의 권리가 되기 때문에 역시 A의 법정지상권에는 아무런 영향을 미치지 못한다. 이처럼 1설에 의하면 민법 제305조 제2항은 아무런 효용이 없는 규정이라고 할 수 있다.

이에 대해 2설에 의하면 민법 제305조 제2항이 효용을 가질 수 있게 된다. 예를 들어 위의 사례에서 2설에 따라 생각해 보면, 아직 법정지상권이 성립하기 전이므로 A가 대지와 건물의 소유자이며 제2항의 "대지소유자" 또한 A를 의미하게 된다. 여기서 A가 B에게 건물에 대한 전세권을 설정해 준 경우에, 대지소유자인 A는 타인에게 그 대지를 임대하거나 이를 목적으로 한 지상권 또는 전세권을 설정하지 못한다는 내용이 된다. 즉 아직 법정지상권이 성립하지는 않았지만 대지소유자로서는 건물전세권자의 전세권이 방해를 받지 않도록 해 주어야 한다는 것을 규정한 것이라고 할 수 있다. 2설이 타당하다고 생각한다.

---

300) 郭潤直 편/朴炳大 집필, 앞의 책, 205-206면.

III. 용익물권적 권능의 소멸

1. 용익물권적 권능의 소멸사유

전세권의 내용을 구성하는 개별적인 권능을 용익물권적 권능과 담보물권적 권능으로 구별할 경우, 전세권의 소멸사유 또한 두 가지 권능에 대해 개별적으로 판단할 필요가 있을 것이다.[301] 예컨대 전세권의 존속기간이 만료된 경우나 전세권자의 목적부동산을 정해진 용법으로 사용 · 수익하지 않은 경우에 전세권설정자의 소멸청구가 있는 경우(민법 제311조), 전세권의 존속기간을 약정하지 않은 경우 각 당사자의 전세권 소멸통고가 있은 후 6월이 경과한 때(민법 제313조)는 일반적으로 '전세권' 전체의 소멸사유인 것처럼 서술되고 있지만, 이러한 사유에 의하여 소멸하는 것은 전세권의 용익물권적 권능에 한한다고 보아야 한다.

아래에서 하나씩 살펴보도록 하겠다.

(1) 존속기간의 만료

앞에서 본 것처럼, 전세권의 존속기간은 10년을 넘지 못하며, 당사자의 약정기간이 10년을 넘는 경우에는 10년으로 단축한다(민법 제312조 제1항). 민법 제312조는 "전세권의 존속기간"이라는 조문 제목하에 이러한 내용을 규정하고 있지만, 전세권의 존속기간이 만료되었을 때 소멸하는 것은 전세권의 용익물권적 권능일 뿐이다.

---

301) 李相泰, 앞의 글 〈傳貰權 消滅의 解釋論〉, 54면.

최근 법무부의 민법 개정시안이 민법 제312조의 '전세권의 존속기간'을 '전세물의 사용 · 수익기간'으로 수정한 것은 이를 명백히 한 것이라고 할 수 있다.

판례도 전세권의 존속기간이 만료된 경우에 대해 전세권의 용익물권적 권능을 전세권에서 분리하여 이 부분만이 소멸된다는 태도를 보인다. 다만 종래에 "전세권이 기간만료로 종료된 경우 '전세권'은 전세권설정등기의 말소등기 없이도 당연히 소멸"[302]한다고 하여, 이에 대해 정확한 표현은 아니라는 지적이 있기도 하였는데,[303] 최근의 판결들은 "전세권의 존속기간이 만료하면 '전세권의 용익물권적 권능'이 소멸"[304]한다고 하여 보다 정확한 표현을 사용하고 있다.

(2) 전세권설정자의 소멸청구

전세권자가 전세권설정계약 또는 그 목적물의 성질에 의하여 정하여진 용법으로 이를 사용, 수익하지 아니한 경우에는 전세권설정자는 전세권의 소멸을 청구할 수 있으며, 이 경우 전세권설정자는 전세권자에 대하여 원상회복 또는 손해배상을 청구할 수 있다(민법 제311조). 여기서 소멸청구의 의사표시만으로 전세권이 소멸하는지에 대해서는 견해대립이 있다. 즉 1설은 소멸청구권이 형성권이므로 말소등기 없이 소멸청구의 의사표시만으로 전세권이 소멸하는 것으로 본다.[305] 그리고 2설은 소멸청구권이 형성권이기는 하지

---

302) 대법원 1999.9.17. 선고 98다31301 판결.

303) 李相泰, 앞의 글 〈傳貰權 消滅의 解釋論〉, 47면.

304) 대법원 2005.3.25. 선고 2003다35659 판결; 대법원 2008.3.13. 선고 2006다29372,29389 판결.

305) 김상용, 앞의 책 《물권법》, 520-521면; 李英俊, 앞의 책, 688면.

만 그 행사는 법률행위(특히 단독행위)이므로 제186조가 적용되어 말소등기가 필요하다고 본다.[306] 또 제3설은 소멸청구권의 성질을 청구권으로 보는 점에서 2설과 차이가 있기는 하나 말소등기가 필요하다고 보는 점에서는 동일하다.[307]

그러나 이러한 견해대립은 소멸청구에 의해 소멸하는 것이 전세권 자체가 아니라 전세권의 용익물권적 권능에 불과한 것을 간과한 것이다.[308] 즉 피담보채권의 역할을 하는 전세금이 반환되어 전세권의 담보물권적 권능까지도 소멸해야 비로소 전세권 소멸의 등기를 할 수 있는 것이지, 전세금의 반환도 없이 단순히 민법 제311조의 소멸청구에 의하여 전세권의 말소등기를 하는 것은 허용될 수 없다. 이처럼 위의 견해들은 모두 전세권이 담보물권적 권능을 포함하고 있는 점을 도외시한 것으로 따를 수 없다. 최근 법무부의 민법 개정시안도 민법 제311조에서 "전세권의 소멸을 청구할 수 있다"라고 하였던 것을 "전세물을 사용 · 수익할 권리의 소멸을 청구할 수 있다"라고 하여 이를 명백히 하고 있다.

(3) 전세권의 소멸통고

전세권의 존속기간을 약정하지 아니한 때에는 각 당사자는 언제든지 상대방에 대하여 전세권의 소멸을 통고할 수 있고 상대방이 이 통고를 받은 날로부터 6월이 경과하면 전세권은 소멸한다(민법 제313조).

이때 소멸통고 후 6개월이 경과하면 등기 없이 전세권이 소멸하

306) 金曾漢 · 金學東, 앞의 책, 418면.

307) 姜台星, 앞의 책, 841면; 郭潤直, 앞의 책 《物權法》(新訂版), 480면.

308) 李相泰, 앞의 글 〈傳貰權 消滅의 解釋論〉, 49면.

는가 여부에 대해서도 전세권설정자의 소멸청구와 마찬가지로 학설이 대립하는데, 이러한 논의는 모두 소멸통고에 의해 소멸하는 것이 전세권 자체가 아니라 전세권의 용익물권적 권능에 불과한 것을 간과한 것이라는 점에 대해서는 앞에서 서술하였다. 최근 법무부의 민법 개정시안도 민법 제313조에서 "전세권은 소멸한다"라고 하였던 것을 "전세권자가 전세물을 사용 · 수익할 권리는 소멸한다"라고 하여 이를 명백히 하고 있다.

(4) 전세 목적물의 일부멸실

전세권의 용익물권적 권능은 전세 목적물을 사용 · 수익하는 것을 그 내용으로 하므로, 만약 전세 목적물이 멸실하게 되면 전세권의 용익물권적 권능은 당연히 소멸할 수밖에 없다. 뿐만 아니라 전세권의 담보물권적 권능도 그 목적물이 전부 소멸한다면 당연히 소멸하게 된다. 이런 점에서 전세 목적물의 멸실은 앞의 세 경우와는 다르다. 최근 법무부의 민법 개정시안은 전세 목적물의 멸실에 대해 규정한 민법 제314조와 제315조에 대해서도 종래의 '전세권'이라고 규정된 부분을 '사용 · 수익권'으로 수정하여, 마치 전세 목적물의 멸실에 의해서 소멸되는 부분을 전세권의 용익물권적 권능에 한정되는 것으로 한 것처럼 오해할 여지가 있는데, 이는 민법 제317조의 개정시안이 "전세물을 사용 · 수익할 권리가 소멸한 때"에 전세금반환의무가 발생하는 것으로 한 것과 연계하여, 전세 목적물이 멸실하여 그 사용 · 수익권이 소멸한 경우에 전세금반환의무가 발생한다는 것을 명백히 하고자 한 것일 뿐, 전세권의 담보물권적 권능이 유지되도록 한 것이라고 할 수는 없다고 할 것이다.

민법은 전세 목적물의 멸실에 대해 전세 목적물이 전부멸실한 경우와 일부멸실한 경우로 구분하여 규정하고 있는데, 전부멸실의 경우에는 전세권 전체가 소멸하게 되므로 후술하기로 하고, 아래에서는 우선 전세 목적물의 일부멸실에 대해서만 살펴보도록 하겠다.

가. 잔존 부분만으로 목적을 달성할 수 있는 경우

전세 목적물이 일부멸실된 경우에, 멸실되지 않은 나머지 부분만으로 전세권을 설정한 본래의 목적을 달성할 수 있다면, 그 나머지 부분에 대해서는 전세권이 존속한다. 다만 멸실된 부분이 전세권자의 귀책사유로 인하여 멸실된 경우에는 전세권자에게 손해배상책임이 있다(민법 제315조 제1항). 또 이처럼 전세권자의 귀책사유가 있는 경우에는 "전세권자가 전세권설정계약 또는 그 목적물의 성질에 의하여 정하여진 용법으로 전세 목적물을 사용 · 수익하지 않은 경우"라고 할 수 있으므로, 전세권설정자는 전세권의 소멸을 청구할 수 있다(민법 제311조 제1항). 이때 전세권소멸청구가 있게 되면, 멸실되지 않은 나머지 부분에 대한 용익물권적 권능이 소멸되며[309] 그 부분을 대상으로 하여 담보물권적 권능이 발현된다.

한편 멸실되지 않은 나머지 부분에 대해 전세권이 존속한다고 할 때에 멸실된 부분에 대한 전세금이 감액되는지에 대해서, 통설은 불가항력에 의한 일부멸실의 경우에는 전세금감액을 인정하면서 다만 전세권자의 귀책사유로 인한 경우에는 그 감액을 불인정하고 있다.[310] 민법 제314조 제1항에서 멸실된 부분의 전세권이 소멸한

309) 李相泰, 앞의 글, 53면.
310) 김상용, 앞의 책, 523면; 李相泰, 위의 글, 51면.

다고 한 것은, 직접 전세권의 일부멸실 뿐만 아니라, 아울러 그에 따르는 전세금의 감액을 규정한 것이라고 볼 수 있으며, 다만 전세권자에게 책임 있는 사유로 일부멸실된 경우에는 전세권자에게 그 일부멸실에 대한 손해배상책임이 있으므로, 전세금은 그 손해배상에 충당할 것이기 때문이다.[311)]

그러나 전세금은 기본적으로 목적부동산의 사용대가로서의 성질을 가진다는 점을 고려하면, 멸실에 대한 전세권자의 귀책사유 유무에 불구하고 멸실부분에 비례하여 전세금의 감액청구를 할 수 있다고 보는 것이 타당할 것이다. 이 경우 일부멸실에 대하여 유책한 전세권자가 감액을 청구하는 경우에 전세권설정자는 손해배상청구권을 근거로 상계항변을 할 수 있을 것이므로 결과적으로는 통설과 마찬가지의 결과가 될 것이지만, 유책한 전세권자의 감액청구 자체를 부정하는 것은 타당하지 않다고 생각한다.

나. 잔존부분만으로는 목적을 달성할 수 없는 경우

전세 목적물의 일부가 불가항력으로 인하여 멸실된 때에, 멸실되지 않은 나머지 부분만으로 전세권을 설정한 본래의 목적을 달성할 수 없다면 전세권자는 전세권설정자에 대하여 전세권 전부의 소멸을 통고하고 전세금의 반환을 청구할 수 있다(민법 제314조 제2항). 여기서 '소멸통고'의 의미에 대해 견해가 대립하는데, 1설은 귀책사유도 없이 전세 목적물의 일부가 멸실함으로써 전세권의 목적을 달성할 수 없는데도 불구하고, 6개월을 기다려야 한다는 것은 명백히 부당하기 때문에, 민법 제311조의 '소멸청구'로 해석해야 한다고

---

311) 김상용, 위의 책, 523면.

하고,[312] 2설은 규정대로 '소멸통고'로 해석한다.[313] 그러나 2설도 여기서의 소멸통고는 민법 제313조의 소멸통고와 달리 유예기간이 주어지지 않는다고 하므로,[314] 실질적인 견해 대립의 실익은 없다.

한편 전세 목적물의 일부가 전세권자의 귀책사유에 의하여 멸실된 때에, 멸실되지 않은 나머지 부분만으로 전세권을 설정한 본래의 목적을 달성할 수 없는 경우에 대해서는 민법상 아무런 규정이 없다. 그러나 이때에도 역시 전세권을 존속시킨다는 것은 무의미하므로, 전세권자는 전세권설정자에 대하여 민법 제311조에 의한 전세권 전부의 소멸청구를 할 수 있다고 해석하는 것이 일반적인 견해이다.[315] 전세권의 목적을 달성할 수 없다면 어떤 경우라 하더라도 목적불능으로 인한 권리소멸사유로 보아야 할 것이므로 타당하다고 할 것이다.

이와 같이 전세 목적물의 멸실되지 않은 나머지 부분만으로 전세권을 설정한 본래의 목적을 달성할 수 없게 되어, 전세 목적물 전체에 대한 전세권이 소멸되게 된다고 하게 될 때에도, 멸실되지 않은 나머지 부분에 대한 용익물권적 권능이 소멸될 뿐이며[316] 그 부분을 대상으로 하여 담보물권적 권능이 발현된다.

---

312) 郭潤直, 앞의 책《物權法》(新訂版), 482면; 김상용, 앞의 책, 522면.

313) 金曾漢 · 金學東, 앞의 책, 430면.

314) 金曾漢 · 金學東, 위의 책, 430면.

315) 郭潤直, 위의 책, 482면; 김상용, 앞의 책, 522면. 金曾漢 · 金學東, 위의 책, 431면은 '소멸통고'를 할 수 있다고 해석하지만, 여기서의 소멸통고는 6개월의 유예기간이 주어지지 않는다고 하므로, 결과는 같다.

316) 李相泰, 앞의 글〈傳貰權 消滅의 解釋論〉, 53면.

(5) 용익물권적 권능의 포기(?)

전세권도 재산권의 일종이므로, 전세권이 제3자의 권리의 목적인 경우가 아닌 이상, 전세권자는 원칙적으로 전세권 전체를 포기할 수 있다. 이에 대해서는 후술하기로 하고, 여기서는 전세권의 용익물권적 권능만을 포기하는 것이 허용되는지에 대해 살펴보도록 하겠다.

학설은 일반적으로 전세권의 권능을 구분하여 서술하지 않기 때문에, 전세권의 용익물권적 권능만을 포기할 수 있는지 여부에 대해 별다른 언급을 하지 않는다. 다만 전세권을 용익물권으로 보는 견해에서 원칙적으로 전세권자의 일방적인 전세권 포기는 허용되지 않는다는 견해가 있다.[317] 이 견해에 따르면 전세권의 포기가 전세권 소멸의 효과, 특히 전세권설정자의 전세금반환의무를 발생시키는가 하는 문제와 관련하여, 전세권의 존속기간은 전세금의 금융에 대한 허여기간(許與期間)이라는 의미도 가진다는 점을 고려하면, 전세권자의 지배권능이라는 관점에서만 그 포기의 가부(可否)를 따져서는 안 된다고 한다. 그리고 목적물에 대한 경매절차가 진행중이어서 이해관계인들의 권리관계를 총괄적으로 해결해야 할 경우가 아니라면 (용익물권으로서의) 전세권의 포기는 허용되지 않는다고 한다.[318]

이러한 지적은 충분히 타당하다고 생각한다. 위 견해가 의미하는 '(용익물권으로서의) 전세권'은 앞서 살펴본 전세권의 용익물권적 권능에 해당하는 내용으로, 전세권자가 "용익(用益)을 사실상 더 이

---

317) 梁彰洙, 앞의 글, 112-113면; 池元林, 앞의 책, 714면.
318) 梁彰洙, 위의 글, 113면.

상 하지 않는 것은 얼마든지 가능한 일"[319]이지만, 이를 임의로 포기하여 전세권설정자의 전세금반환의무를 발생시킬 수는 없다고 할 것이다.

2. 용익물권적 권능 소멸의 효과

(1) 전세금반환청구권의 행사 및 담보물권적 권능의 발현

전세금반환채권은 전세권의 용익물권적 권능이 소멸한 후 전세금을 전세권자의 채무에 충당하고 남는 것이 있음을 정지조건으로 하는 조건부 권리이다.[320] 따라서 전세권의 용익물권적 권능이 소멸하면 비로소 위 조건부 권리의 조건이 성취될 수 있게 되어 전세금반환을 청구할 수 있게 된다. 이는 전세금이 그 이자로서 목적부동산의 사용 · 수익의 대가를 대신하게 되는 성질을 띠기 때문에, 전세금반환채권은 전세금이 이러한 사용 · 수익의 대가로서의 역할을 다하게 된 후, 즉 전세권의 용익물권적 권능이 소멸한 후에서야 비로소 이를 청구할 수 있게 되는 장래채권의 성질을 가지기 때문이다. 즉 전세권의 용익물권적 권능이 소멸하게 되면 그에 따른 효과로서 전세권의 담보물권적 권능이 발현하게 된다. 담보물권적 권능의 발현에 대해서는 뒤에 다시 서술하도록 하겠다.

한편 이처럼 전세권의 용익물권적 권능이 소멸하게 되면, 전세권자로서는 더 이상 전세목적물을 사용수익할 수 없고, 한편으로는 더 이상 사용수익의 대가를 지급할 필요도 없기 때문에, 전세권설

---

319) 梁彰洙, 앞의 글, 113면.
320) 梁彰洙, 위의 글, 114면.

정자는 전세권자로부터 그 목적물의 인도 및 전세권설정등기의 말소등기에 필요한 서류의 교부를 받는 동시에 전세금을 반환하여야 한다(민법 제317조). 즉 전세권설정자의 전세금 반환의무와 전세권자의 전세 목적물 반환 및 전세권설정등기 말소의무 사이에는 동시이행관계가 성립한다. 최근 법무부의 민법개정시안은 민법 제317조의 "전세권이 소멸한 때"를 "전세물을 사용 · 수익할 권리가 소멸한 때"로 수정하여 이러한 동시이행관계가 전세권의 용익물권적 권능이 소멸하면서 발생하게 된다는 점을 명백히 하였다.

(2) 사용 · 수익관계의 청산

전세권의 용익물권적 권능이 소멸한 후 그 전세목적물을 반환할 때에는 다음과 같은 점에 주의하여야 한다. 이는 전세권자가 용익기간동안 전세목적물을 사용 · 수익하는 동안 발생한 이해관계를 조정하고 사회경제적인 손실을 방지하기 위해 인정되는 것이다.[321)]

가. 부속물수거권

전세권이 그 존속기간의 만료로 인하여 소멸한 때에는 전세권자는 그 목적물을 원상에 회복하여야 하며 그 목적물에 부속시킨 물건은 수거할 수 있다(민법 제316조 제1항 본문). 민법 규정은 '존속기간의 만료로 인한 경우'와 관련하여 이를 규정하고 있지만, 소멸청구나 소멸통고 등 다른 사유에 의해 전세권(의 용익물권적 권능)이 소멸한 경우에도 마찬가지라고 하는 것이 통설이다.[322)] 최근 법무부

321) 郭潤直 편/朴炳大 집필, 앞의 책, 250면.
322) 池元林, 앞의 책, 721면.

의 민법 개정시안은 이를 반영하여 '존속기간의 만료로 소멸한 때'로 한정하지 않고, '전세권자가 전세권설정자에게 전세물을 인도할 때'로 수정하였다.

이러한 수거권은 이를 목적물에 대한 원상회복의무의 측면에서 보면 오히려 수거의무라고 할 수 있는 일면도 있지만, 부속물이 전세목적물의 편익을 위하여 필요한 것이고 가치의 증대를 가져오는 것이라면 반드시 수거의무가 있다고 할 수는 없으며, 이러한 경우에는 권리로서의 수거권이 있을 뿐이라고 할 것이다.[323)]

나. 부속물매수청구권

전세권자가 부속물수거권을 행사할 때에, 전세권설정자로서는 부속물을 수거하지 말고 자신에게 팔 것을 요청할 수 있다. 이를 전세권설정자의 부속물매수청구권이라고 한다(민법 제316조 제1항 단서). 이는 부동산의 용익에 유용한 부속물 등을 수거하지 말라는 사회경제적 요청에 따른 것이다.[324)]

한편 부속물매수청구권은 전세권자에게 인정되는 경우도 있는데, 부속물이 전세권설정자의 동의를 얻어 부속시킨 것이거나 전세권설정자로부터 매수한 것이라면, 전세권자는 전세권설정자에게 그 부속물을 살 것을 요청할 수 있다. 이를 전세권자의 부속물매수청구권이라고 한다(민법 제316조 제2항). 이는 임대차에 관한 민법 제646조에 대응하는 규정이다.

---

323) 郭潤直 편/朴炳大 집필, 앞의 책, 254면.
324) 池元林, 앞의 책, 721면.

다. 유익비상환청구권

앞서 본 바와 같이 전세권자는 목적물의 현상을 유지하고 그 통상의 관리에 속한 수선을 하여야 할 의무가 있으므로(민법 제309조), 전세권자는 통상의 필요비에 대해 전세권설정자에게 상환청구할 수는 없다. 그러나 유익비는 통상의 관리를 위한 것을 넘어 목적물의 객관적 가치를 증가시키는 데 기여한 비용을 말하므로, 전세권자에게 수선의무가 인정되는 여부와 상관없이 전세권자가 유익비를 지출한 경우에는 전세권설정자에게 그 상환을 청구할 수 있다. 즉 전세권자가 목적물을 개량하기 위하여 지출한 금액 기타 유익비에 관하여는 그 가액의 증가가 현존한 경우에 한하여 소유자의 선택에 좇아 그 지출액이나 증가액의 상환을 청구할 수 있으며, 이 경우 법원은 소유자의 청구에 의하여 상당한 상환기간을 허여할 수 있다(민법 제310조).

제4절 전세권의 담보물권적 권능

I. 담보물권적 권능의 발현

전세권의 담보물권적 권능으로 인정되는 대표적인 권능은 경매청구권(민법 제318조) 및 우선변제권(민법 제303조 후문)이라고 할 수 있다. 그런데 이 두 가지 권능은 전세금반환채권을 행사할 수 있을 때에만 비로소 발현하게 된다. 이에 대해 전세권의 본질을 용익물권으로 파악하는 입장 중에, "전세권은 그 본질에서 용익물권이지만, 그 소멸 후에는 전세금반환채권을 피담보채권으로 하는 담보물권으로 전환한다"[325]고 하기도 하는데, 전세권이 용익물권으로서의 성질만 갖는다고 할 수는 없지만, 실질적으로는 같은 의미라고 할 수 있다.

민법 제317조가 "전세권이 소멸한 때" 전세권설정자의 전세금반환의무가 발생한다고 규정한 것은, 이러한 의미에서 "전세권의 용익물권적 권능이 소멸한 때"를 가리킨다고 할 것이다.[326] 최근 법무부의 민법개정시안도 민법 제317조의 "전세권이 소멸한 때"를 "전세물을 사용 · 수익할 권리가 소멸한 때"로 수정하여 이러한 점을 명백히 하고 있다.

현행 민법상 장래의 특정채권, 예컨대 조건부나 기한부의 특정채권에 대한 담보물권을 인정하는 명문의 규정은 없다.[327] 그러나 우선 저당권에 관하여 살펴보면, 장래의 불특정한 채권을 담보하기 위한 저당권이 인정되는 이상(민법 제357조), 장래의 특정채권을 담보하기 위한 저당권 역시 당연히 인정된다고 할 것이다. 학설도 저당권은 그 실행시에 채권과 저당권이 존재하면 족하다는 이유로, 장래의 특정채권을 담보하기 위한 저당권을 인정하고 있다.[328] 그리고 이러한 장래채권의 담보를 위한 저당권은 채권의 변제기가 도달할 때까지는 이를 실행할 수 없다고 한다.[329]

---

325) 池元林, 앞의 책, 703면.

326) 李相泰, 앞의 글 〈傳貰權 消滅의 解釋論〉, 47-48면은 "용익물권으로서의 전세권이 소멸한 때"를 뜻하는 것으로 보아야 한다고 하는데, 같은 취지인 것으로 보인다.

327) 이와 달리 독일 민법 제1113조 제2항이나 스위스 민법 제824조 제1항은 명문으로 장래의 특정채권을 담보하는 저당권을 인정하고 있다.

328) 姜台星, 앞의 책, 1075면.

329) 姜台星, 위의 책, 1076면.

이러한 논리는 전세권의 담보물권적 권능에 대해서도 그대로 타당하다고 생각한다. 즉 전세금반환채권은 전세권의 용익물권적 권능이 소멸한 후 전세금을 전세권자의 채무에 충당하고 남는 것이 있음을 정지조건으로 하는 조건부 권리로서, 장래의 특정채권이다. 전세권의 담보물권적 권능은 이러한 전세금반환채권을 그 피담보채권으로 하게 되며, 전세금반환채권을 행사할 수 있을 때 비로소 발현하게 된다. 그리고 이 경우 그 실질은 전세금반환채권을 피담보채권으로 하는 저당권과 유사한 구조를 가지게 된다고 할 것이다.

II. 피담보채권으로서의 전세금반환채권

1. 전세금반환채권의 성질

전세권자는 전세권의 용익물권적 권능이 소멸하면 비로소 전세금의 반환을 청구할 권리를 확정적으로 가지게 된다. 그 전까지 그 권리는 전세금을 전세권자의 채무에 충당하고 남는 것이 있음을 정지조건으로 하는 조건부 권리에 불과하다. 또 전세금반환채권은 전세권의 담보물권적 권능에 의해 담보되는 피담보채권이다.

2. 전세권의 내용으로서 전세금반환청구권의 포함 여부

학설 중에는 전세금반환청구권을 전세권의 용익물권적 권능 및 담보물권적 권능과 함께 전세권의 본질적 내용을 이루는 세 번째 권능이라고 하는 견해가 있다.[330] 이 견해는 다음과 같은 점을 논거로 한다. 첫째, 전세금반환청구권은 순수한 담보물권에서의 피담보채권이 물권계약인 담보물권설정계약과는 별개의 채권계약에 기하여 발생하는 것과는 달리 전세권의 두 권능인 용익물권적 권능 및 담보물권적 권능과 함께 동일한 물권계약인 전세권설정계약 자체에 기하여 발생하는 권리이다. 따라서 순수한 담보물권이 그 피담보채권의 종류 · 발생원인을 불문하는 것과는 달리 전세권은 반드시 전세금반환청구권을 그 피담보채권으로 하는 것이다.[331] 둘째, 대법원 2000.6.9. 선고 99다15122 판결은, 전세권이 성립한 후 목적물의 소유권이 이전되는 경우, 전세권자와 구 소유자 간의 전세권관계 및 전세금반환의무가 신 소유자에게 이전된다고 하는데, 이는 전세금반환청구권을 물권적청구권으로 보아야 이해할 수 있다.[332]

그러나 이러한 견해에는 찬성하기 어렵다. 우선 전세금반환청구권은 조건부 채권인 전세금반환채권의 조건(전세권의 용익물권적 권능이 소멸한 후 전세금을 전세권자의 채무에 충당하고 남는 것이 있을 것이라는 정지조건)이 실현되었을 때 그 채권으로부터 비로소 발생하는 채권적 청구권이다. 그리고 이러한 전세금반환채권은 전세권설정계약과 함께 (묵시적으로라도) 체결되는 전세금계약에서 비롯되는 것이라고 할 것이다. 물론 전세권설정계약과 전세금계약이 함께 이루어지기 때문에 위의 견해가 주장하는 것처럼 전세금반

---

330) 김창섭, 〈판례는 전세권에 대한 저당권의 우선변제적 효력을 인정하는가?〉, 《재판과 판례》 제10집, 대구판례연구회, 2001, 41면; 오시영, 〈전세권 존속기간 경과 후 전세권저당권의 물상대위성에 대한 고찰〉, 《漢陽法學》 제35권, 漢陽法學會, 2011, 515면 등.

331) 김창섭, 위의 글 42면; 오시영, 위의 글, 516면.

332) 김창섭, 위의 글 42면; 오시영, 위의 글, 516-517면.

환청구권이 마치 전세권설정계약에서 비롯되는 것처럼 오해할 수 있는 소지가 있기는 하지만, 위의 견해에 따르면 예컨대 기존채권의 담보를 위해 전세권을 설정할 때에[333] 기존 채권에 기한 청구권은 전세권 설정 전까지는 채권적 청구권이다가 전세권설정계약과 함께 물권적 청구권으로 변한다는 결론이 되는데, 이러한 결론은 수긍하기 어렵다.

다음으로 전세권이 성립한 후 목적물의 소유권이 이전되는 경우에 전세권자와 구 소유자 간의 전세권 관계 및 전세금반환의무가 신 소유자에게 이전된다는 결론은, 주택임대차보호법 제3조 제2항의 유추에 의해서도 충분히 인정할 수 있다. 즉 임차권에 대항력이 있는 경우에 임대차목적물의 소유권이 임대인으로부터 제3자에게 양도되면, 그 임대인으로서의 지위가 양수인에게 당연히 승계된다는 법리는, 성질상 당연히 대세적 효력이 있는 전세권에도 적용되어야 할 것이다.[334] 따라서 이러한 경우가 반드시 전세금반환청구권을 물권적 청구권으로 보아야 이해할 수 있는 것은 아니다.

무엇보다 전세금반환청구권은 물권적 청구권의 일반적인 취지와 전혀 어울리지 않는다. 즉 물권적 청구권은 물권 본래의 실효성을 유지하기 위하여 인정되는 청구권이다.[335] 따라서 물권적 청구권을 행사하게 되면 당해 물권이 보호되는 결과가 된다. 그러나 전세금반환청구권은 전세권 자체의 실효성과는 아무런 상관이 없으며, 오히려 전세금반환청구권을 행사하여 전세금을 반환받게 되면 전세권이 소멸되는 결과가 된다. 이처럼 전세금반환청구권이 전세권

333) 대법원 2005.5.26. 선고 2003다12311 판결 참고.
334) 梁彰洙, 앞의 글, 113-114면 참고.
335) 郭潤直, 앞의 책 《物權法》(新訂版), 41면.

의 실효성을 유지하기 위하여 전세권으로부터 직접 발생하는 물권적 청구권이라고 보는 것은 무리라고 생각된다.[336]

3. 전세금반환채권의 양도 가능성

(1) 문제점

민법 제306조에서는 전세권처분의 자유를 규정하고 있고, 제307조에서는 전세권양수인은 전세권설정자에 대하여 전세권양도인과 동일한 권리의무가 있다고 규정하고 있다. 이에 통설은 전세권자가 전세권설정자의 동의 없이 이를 양도하거나 담보로 제공하고 전전세 또는 임대의 목적으로 할 수 있고, 전세권의 양도 역시 부동산물권변동의 일반원칙에 따라 당사자 간의 합의와 등기에 의하며, 제307조에 의하여 전세권양수인은 당연히 전세권설정자에 대하여 전세금반환채권을 가진다고 한다.[337] 즉 전세권과 전세금반환채권을 함께 양도하는 것은 당연히 가능하다는 것이다. 그러나 전세권과 전세금반환채권을 '분리하여' 양도할 수 있는가에 대해서는 논의가 있다. 전세권에 담보물권적 권능이 있는 이상 '전세권과 피담보채권이 일체로서 이전된다는 의미'에서의 수반성이 있다. 그러나 한 편으로 전세금반환채권은 장래채권의 일종으로서, 전세권자의 투하자본 회수를 위한 수단의 하나로 그 처분의 자유를 보장해 줄

---

336) 이홍민, 앞의 글 〈전세권의 법적 구조와 전세권저당권에 관한 법률관계〉, 334-336면.

337) 朴淳成, 〈傳貰權에 관한 判例의 動向과 展望—傳貰權의 擔保物權性을 中心으로〉, 《21世紀 韓國民事法學의 課題와 展望》(心堂宋相現先生華甲紀念論文集), 博英社, 2002, 93면.

필요도 있다. 따라서 이를 전세권과 분리하여 이전할 수 있는지 문제되는 것이다.

(2) 학설의 대립

가. 분리양도 부정설

1984년의 민법개정으로 전세권이 용익물권인 동시에 담보물권으로 구성되기 때문에 담보물권의 수반성과의 관계에서 전세금반환채권만의 양도는 부정되어야 한다고 한다.[338] 전세권이 비록 목적부동산에 대한 사용 · 수익을 그 본원적 권리내용으로 하는 용익물권이고 담보물권적 효력은 전세금반환채권의 확보를 위한 것이라고 하더라도 담보물권으로서의 성질을 무시할 수는 없으며, 담보권자가 피담보채권의 변제를 위하여 경매청구권과 우선변제권을 가지는 것이 담보물권의 본질적인 특성이므로 담보물권이 존속하고 있음에도 불구하고 피담보채권만을 처분할 수 있다는 것은 담보물권의 본질에 반한다는 점에 비추어, 담보물권적 성격을 가지고 있는 전세권과 분리하여 전세금반환채권만을 양도하는 것은 허용될 수 없다는 것이다.[339]

나. 분리양도 긍정설

우선 전세권의 본질을 용익물권으로 보는 견해는 전세금반환채권의 양도를 긍정하는데, 전세금은 전세권의 요소가 아니라는 점 및 조건부 권리로서의 전세금반환채권이 양도된다고 해서 전세권 그

---

338) 郭潤直, 앞의 책《物權法》(新訂版), 468면.

339) 崔羽植, 〈傳貰權과 分離된 傳貰金返還債權의 讓渡〉, 《裁判과 判例》 제7집, 대구판례연구회, 1998, 189-190면.

자체에는 영향이 없고 부동산소유자의 법적 지위에도 아무런 불이익을 주지 않는다(그는 전세권 소멸 전에는 조건의 불성취를 항변할 수 있고, 소멸 후에는 그의 채권의 만족을 전세금으로부터 얻고, 또 목적물의 반환을 받을 때까지 전세금의 반환을 거절할 수 있다)는 점을 근거로 한다. 우선변제권이나 경매청구권은 전세권이 소멸한 후에 확정되는 전세금반환채권의 만족을 위하여 존재하는 것이므로, 그와 같은 전세금반환채권을 취득하는 자가 이에 부수하여 그것들을 가진다고 새기면 족하다는 것이다.[340)]

전세권의 담보물권성을 긍정하면서 전세금반환채권의 분리양도를 긍정하는 견해도 있다. 이 견해는 전세권의 담보물권적 효력은 전세금의 반환을 위한 것일 뿐이고, 담보물권적 효력은 이 목적을 위하여 필요한 범위에서만 인정하면 족하므로, 전세금반환채권의 양도를 부정하는 것으로 해석할 필요가 없다고 한다.[341)]

(3) 판례

초기의 판례[342)]는 "전세권자는 전세권이 존속하는 한 전세권과 분리하여 전세금반환청구권만을 양도하여도 전세권의 요소가 되는 전세금에 관한 반환청구권은 이전되지 않는다"는 입장으로 일관하였다. 이와 달리 대법원 1969.12.23. 선고 69다1745 판결을 들어 대법원이 전세금반환채권의 분리양도를 허용하고 있다고 설명하기도 하는데,[343)] 이 판결은 담보물권적 권능을 가지는 전세권에 관한

---

340) 梁彰洙, 앞의 글, 114-115면.
341) 金曾漢 · 金學東, 앞의 책, 423면 각주 9번.
342) 대법원 1966.6.28. 선고 66다771 판결; 대법원 1966.7.5. 선고 66다850 판결 등.
343) 郭潤直, 앞의 책《物權法》(新訂版), 468면; 梁彰洙, 앞의 글, 114면.

사안이 아니라 채권적 전세에 관한 사안이므로 적합하지 않은 소개라고 생각한다.[344)]

그 후 대법원 1997.11.25. 선고 97다29790 판결[345)]은 "전세권이 담보물권적 성격도 가지는 이상 부종성과 수반성이 있는 것이므로 전세권을 그 담보하는 전세금반환채권과 분리하여 양도하는 것은 허용되지 않는다고 할 것이나, 한편 담보물권의 수반성이란 피담보채권의 처분이 있으면 언제나 담보물권도 함께 처분된다는 것이 아니라, 채권 담보라고 하는 담보물권 제도의 존재 목적에 비추어 볼 때 특별한 사정이 없는 한 피담보채권의 처분에는 담보물권의 처분도 포함된다고 보는 것이 합리적이라는 것일 뿐이므로, 전세권이 존속기간의 만료로 소멸한 경우이거나 전세계약의 합의해지 또는 당사자 간의 특약에 의하여 전세권반환채권의 처분에도 불구하고, 전세권의 처분이 따르지 않는 경우 등의 특별한 사정이 있는 때에는 채권양수인은 담보물권이 없는 무담보의 채권을 양수한 것이 된다"라고 하면서 "이와 같은 취지에서 원심이 결과적으로 이 사건 전세권이 존속기간의 만료로 소멸된 후 이 사건 전세금반환채권만

---

344) 郭潤直 편/朴炳大 집필, 앞의 책, 209면 각주 10번.

345) 전세권자인 소외인 甲이 전세권의 존속기간이 만료된 후 전세금반환채권을 원고 A에게 양도하고 확정일자 있는 증서로 전세권 설정자인 피고 B에게 이를 통지하였으나 전세권 이전의 부기등기는 경료하지 아니하였다. 그 후 소외인 甲은 전세목적물을 피고 B에게 반환하고 전세권설정등기를 말소하였다. 원고 A는 전세금 반환채권의 양수인으로서 피고 B에 대하여 전세금의 지급을 구하는 소송을 제기하자 원심은 소외인 甲의 피고 B에 대한 전세금반환채권이 원고A에게 양도되었다고 보고 A의 청구를 인용하였다. 이에 B는 전세권과 분리된 전세금반환채권만의 양도는 무효라고 주장하면서 상고한 사안이다(소재선, 〈전세권과 분리된 전세금반환채권만의 양도〉, 《Jurist》 제410호, 2006, 388면). 다만 이 판결을 보면 참조판례로 위 채권적 전세에 관한 대법원 1969.12.23. 선고 69다1745 판결을 들고 있는데, 이는 의문이다.

이 양도된 것에 대하여 채권양도의 효력을 인정한 것은 정당"하다고 판시하였다.

그 후 대법원 2002.8.23. 선고 2001다69122 판결[346)]은 "전세권은 전세금을 지급하고 타인의 부동산을 그 용도에 따라 사용 · 수익하는 권리로서 전세금의 지급이 없으면 전세권은 성립하지 아니하는 등으로 전세금은 전세권과 분리될 수 없는 요소일 뿐 아니라, 전세권에 있어서는 그 설정행위에서 금지하지 아니하는 한 전세권자는 전세권 자체를 처분하여 전세금으로 지출한 자본을 회수할 수 있도록 되어 있으므로 전세권이 존속하는 동안은 전세권을 존속시키기로 하면서 전세금반환채권만을 전세권과 분리하여 확정적으로 양도하는 것은 허용되지 않는 것이며, 다만 전세권 존속 중에는 장래에 그 전세권이 소멸하는 경우에 전세금 반환채권이 발생하는 것을

346) 전세권자 A는 전세권이 묵시적 갱신을 통해 존속하고 있는 중인 1998.3.30. B에게 전세금반환채권을 양도하고 이를 전세권설정자인 피고 乙에게 통지하였다. 그 후 A의 채권자인 원고 甲이 위 전세금반환채권의 양도를 통정허위표시라고 주장하자 B는 1999.3.31. 위 전세금반환채권을 다시 A에게 양도하였고, 이를 乙에게 통지하였다. 그런데 A의 채권자 원고 甲은 A를 상대로 어음금 등의 청구소송을 제기하고 그 판결에 기하여 1999.8.11. A의 피고 乙에 대한 전세금반환채권에 대하여 채권압류 및 전부명령을 받았다. 이 채권압류 및 전부명령에는 A가 B에게 양도하였다가, 다시 양도받은 전세금반환채권이 전부명령의 대상으로 기재되어 있었다. 한편 A의 다른 채권자들은 1998.4.3.부터 1998.11.30. 사이에 A의 피고 乙에 대한 전세금반환채권에 대하여 16건의 전세권부채권가압류 결정을 받았다. 여기서 원고 甲이 A의 전세금반환채권을 적법하게 전부받았음을 이유로 피고 乙에게 그 지급을 요구하자 피고 乙과 그 보조참가인인 기타 채권자들은, A가 B에게 양도한 채권은 전세금반환채권인데 전세금반환채권은 그 전세권과 분리하여 양도할 수 없으므로 양도행위는 무효이고, 이에 기초한 전부명령도 무효라고 하면서 그 지급을 거절한 사안이다(南孝淳, 〈용익기간 중의 傳貰金返還債權의 분리양도 — 大判 2002.8.23, 2001다69122(公 2002, 2196)〉, 《民事法學》 제43-1호, 韓國民事法學會, 2008, 45-46면 참고).

조건으로 그 장래의 조건부 채권을 양도할 수 있을 뿐이라 할 것이다"라고 하면서 "전세금반환채권을 양도할 당시 피고들과 사이에 위의 전세권설정계약을 합의해지하였다거나 전세권을 소멸시키기로 합의하였다고 볼 아무런 증거가 없으므로 소외 회사가 전세권이 존속하는 동안에 전세권을 존속시키기로 하면서 전세금반환채권만을 전세권과 분리하여 양도한 것은 무효라고 판단한 것은 위의 법리에 따른 것으로서 정당"하다고 하였다.

이러한 판례들의 내용을 통해 대법원의 입장[347]을 정리해 보면 다음과 같다: ① 전세권이 존속하는 동안 전세금반환채권만을 전세권과 분리하여 확정적으로 양도할 수는 없다; ② 전세권 존속 중에 전세금 반환채권의 양도는 장래 그 전세금 반환채권이 발생하는 것을 조건으로 그 장래의 조건부 채권을 양도할 수 있을 뿐이다; ③ 전세권이 기간만료 등으로 소멸한 후 전세권의 이전 없이 전세금반환채권만이 양도된 경우에 채권양수인은 무담보의 채권을 양수한 것이 된다.

(4) 검토

전세권의 용익물권적 권능과 전세권자의 투하자본 회수라는 측면에서 볼 때에, 그 담보물권적 권능을 방해하지 않는 한도에서는 전세금반환채권의 양도를 부정할 이유가 없을 것이다. 즉 채권양도 일반의 법리에 따라 전세금반환채권은 채권의 특정이 가능하고 장래 확정될 것이 분명한 조건부채권이므로 그 양도성을 인정해야 한

---

347) 대법원은 지금까지 이에 관한 전원합의체 판결을 내놓은 바 없으므로 판례의 태도에 변경이 있다고 볼 수는 없을 것이다(법원조직법 제7조 제1항 3호 참조).

다고 생각한다.[348)] 이와 달리 분리양도 부정설은 담보물권이 존속하고 있음에도 불구하고 피담보채권만을 처분할 수 있다는 것은 담보물권의 본질에 반한다는 것을 근거로 하는데, 예컨대 저당권은 순수한 가치권이므로 '피담보채권이 없는 저당권'이라는 것은 무의미하지만, 전세권은 이와 달리 용익물권적 권능도 포함하기 때문에 전세금반환채권을 양도해도 여전히 전세권의 용익물권적 권능이 그 의미를 가질 수 있다는 점에서 타당하지 않다. 따라서 전세권의 존속기간 중, 즉 전세권의 용익물권적 권능이 소멸하기 전에도 전세금반환채권의 양도는 가능하다고 할 것이다.

다만 이 경우 전세권의 용익물권적 권능에 따른 등기와 담보물권적 권능에 따른 등기를 구분하여 행할 수 있는 방법은 없으므로, 전세금반환채권의 양수인은 만약 전세권부채권을 양수한 것이라도 해도 용익물권적 권능을 포함한 전세권 자체를 양수한 것이 아닌 이상 이를 등기할 수는 없다고 해야 한다. 따라서 전세금반환채권의 양도인인 전세권자의 용익물권적 권능이 소멸한 이후, 예컨대 전세권의 존속기간이 경과한 후에만 전세권 등기를 이전받을 수 있다고 할 것이다.[349)]

이 경우 전세권의 본질에 관한 용익물권설의 입장에서, 우선변제권이나 경매청구권은 전세권이 소멸한 후에 확정되는 전세금반환채권의 만족을 위하여 존재하는 것이므로, 그와 같은 전세금반환채권을 취득하는 자가 이에 부수하여 그것들을 가진다고 하기도 한

---

348) 朴駿緖 편/徐敏 집필, 《註釋民法債權總則(2)》, 韓國司法行政學會, 2000, 521-524면 참조.

349) 이홍민, 앞의 글 〈전세권의 본질과 전세금반환채권의 양도〉, 359면.

다.[350] 그러나 전세권등기를 이전받기 전까지는 일반채권자의 지위에 있을 뿐 우선변제권이나 경매청구권까지 인정받을 수는 없다고 생각한다. 이는 전세권의 담보물권적 권능에 기초하여 인정되는 것인데 등기 없이 이를 공시할 수는 없기 때문이다. 이런 점에서 전세권과 피담보채권이 일체로서 이전된다는 의미에서의 전세권의 수반성은 그 의미를 가진다. 따라서 전세금반환채권을 양수한 자가 전세권등기를 이전받기 전에 전세권자가 전세권을 제3자에게 양도하고 등기이전까지 마친 경우에 전세금반환채권의 양수인은 제3자에게 대항할 수 없고, 전세금반환청구를 할 수 있는 자는 그 제3자라고 할 것이다.[351]

판례도 비록 "전세권의 존속기간 중에는 전세금반환채권의 확정적인 양도는 무효이다"라는 논리에 의해 사안들을 판단하고 있지만, 결론에 있어서는 같은 태도라고 생각된다. 우선 초기의 판례인 대법원 1966.7.5. 선고 66다850 판결의 사안을 보면, 전세권자 A가 전세권 존속기간 중 B에게 채권양도 절차를 거쳐 전세금반환채권을 양도하였지만 C에게는 전세권을 양도하면서 이전등기를 해 준 경우이다. 이때 B에 대해 전세금반환채권이 이전되지 않고 C에게 이전하였다고 판시한 것[352]으로, 결론에 있어서는 위에서 본 내용

---

350) 梁彰洙, 앞의 글, 114-115면.

351) 池元林 · 諸哲雄, 《民法演習》, 弘文社, 2006, 390면은 전세금반환채권의 양도는 전세권이 소멸한 시점에 양도인에게 전세금반환채권이 성립할 것을 조건으로 하여 이전되는 것으로, 전세권 소멸 전에 전세권을 제3자에게 이전하면 전세권 소멸 시 전세금반환채권을 취득하는 자는 전세권양수인이며, 전세금반환채권의 양도인은 전세권이 소멸하는 시점에 전세금반환채권을 가질 수 없다는 것을 이유로 하는데, 결론은 같다.

352) 郭潤直, 《判例教材 物權法》, 法文社, 1973, 452-453면 참조.

과 동일한 태도이다.

다음으로 대법원 1997.11.25. 선고 97다29790 판결을 보면, 전세권자 甲이 전세권의 존속기간이 만료된 후 전세금반환채권을 A에게 양도하고 확정일자 있는 증서로 전세권설정자인 B에게 이를 통지하였으나 등기의 이전은 하지 않은 상태에서 A가 B에게 전세금반환을 청구한 사안이다. 이 경우 전세권의 용익물권적 권능은 소멸하였으므로 A는 전세권이전등기를 받을 수 있었지만, 전세권이전등기를 받지 못했다 하더라도 A는 (전세권부채권이 아닌) 일반채권자로서 전세금반환을 청구할 수 있다고 보는 것이 타당하다. 다만 이 경우 A는 일반채권자의 지위에 있을 뿐이므로 우선변제권이나 경매청구권까지 인정받을 수는 없다고 보아야 할 것이다.

그리고 대법원 2002.8.23. 선고 2001다69122 판결은 전세권 존속기간 중 전세권자 A가 전세권 이전등기 없이 B에게 전세금반환채권을 양도한 경우에 B에게 양도된 전세금반환채권과 다시 A에게 양도된 전세금반환채권에 대한 A의 채권자 甲의 압류 · 전부명령을 무효라고 한 사례이다. 우선 이 사례에서 B에게 양도된 장래의 조건부 권리(손해배상금의 공제—민법 제315조 제2항—라는 조건[353])로서의 전세금반환채권에 대한 전부명령은 甲이 B에 대한 채권자가 아니므로 무효인 압류명령에 기초한 것으로서 무효이다.[354] 또 A에게 다시 양도된 전세금반환채권에 대한 전부명령은, 전세권부채권에 대한 전부명령으로서는 A의 용익물권적 권능이 존재하는

353) 임차보증금에 관한 사안이지만, 임차보증금을 피전부채권으로 하여 전부명령이 있는 경우에도 체불임료 등에 대한 임대인의 채권을 공제한 잔액에 관해서만 유효하다는 판결로 대법원 1988.1.19. 선고 87다카1315 판결 참조.

354) 李時潤,《新民事執行法》(第3版), 博英社, 2006, 362면 및 388면 참조.

이상 담보물권으로서의 전세권의 이전은 허용될 수 없고, 일반채권에 대한 전부명령으로서는 압류의 경합이 있는 채권에 대한 전부명령으로서 무효[355)]라고 한 것으로 이해할 수 있을 것이다.

III. 담보물권적 권능의 내용

1. 담보물권의 통유성의 구현

(1) 문제점

담보물권은 그 종류에 따라 다소 차이는 있으나 채권담보라는 공통의 목적에 기인하는 공통의 성질을 가지는데, 이를 담보물권의 통유성이라고 한다.[356)] 그리고 그 내용으로는 부종성, 수반성, 불가분성, 물상대위성을 들고 있는데, 학설은 일반적으로 전세권도 전세금반환채권을 담보하는 범위 내에서는 담보물권이므로 담보물권의 통유성을 가진다고 한다.[357)] 그런데 전세권의 권능을 두 가지 권능으로 구분하여 살펴보면, 이러한 성질이 인정되는 부분은 어디까지나 그 담보물권적 권능에 한한다고 해야 한다. 아래에서 각각의 성질에 따라 살펴보도록 하겠다.

---

355) 李時潤, 위의 책, 391면.

356) 郭潤直, 앞의 책《物權法》(新訂版), 500-502면.

357) 郭潤直, 앞의 책《物權法》(新訂版), 468면; 김상용, 앞의 책《물권법》, 504면; 李英俊, 앞의 책, 672면.

(2) 부종성

담보물권의 부종성이란 담보물권이 그 성립과 존속에 있어서 피담보채권에 종속된다는 성질을 말한다. 이는 다시 성립에서의 부종성과 소멸에서의 부종성으로 구분된다.[358)]

우선 성립에서의 부종성과 관련하여, 전세권의 담보물권적 권능은 전세금반환채권이 존재하지 않으면 존립할 수 없다. 이와 관련하여 문제되는 것이 전세금의 지급이 전세권의 성립요건인지에 관한 논의이다. 종래의 다수설은 앞에서 본 바와 같이, 전세금의 지급은 전세권의 요소를 이루고 있으므로, 당사자의 전세권 설정계약과 등기 이외에 약정된 전세금의 수수가 있을 때에 비로소 전세권이 성립한다고 한다.[359)] 이 견해는 전세권 자체에 대해 성립에서의 부종성이 적용된다고 보는 견해라고 할 수 있다.

그러나 예컨대 질권에 관한 민법 제330조와 비교해 볼 때, 제303조 제1항은 "전세금을 지급하고", "타인의 부동산을 점유하여"라고 규정할 뿐, 전세금 지급을 성립요건으로 보아야 할 특별한 이유가 없다. 또 다수설은 부동산물권의 변동에는 등기만이 요구되고 점유이전은 요구되지 않는다는 점에서 점유의 이전은 전세권의 요소가 아니라고 하는데,[360)] 만약 '전세금의 지급'이 성립요건이라

---

358) 그 외에, 뒤에서 보는 수반성을 존속에서의 부종성에 포함된다고 하기도 한다(姜台星, 앞의 책, 799면).

359) 郭潤直, 앞의 책 《物權法》(新訂版), 471면; 김상용, 앞의 책 《물권법》, 504면; 李相泰, 李相泰, 앞의 글 〈傳貰權 消滅의 解釋論〉, 45-46면. 다만 이상태, 앞의 글, 46면 이하는 전세권의 소멸에 대해서 전세권의 용익물권성과 담보물권성을 구분하여 용익물권성만 소멸하는 경우를 상세히 설명하고 있는데, 이와 달리 성립의 측면에서는 이러한 구분을 하지 않고 있다.

360) 郭潤直, 앞의 책 《物權法》(新訂版), 471면.

면 균형상 '점유의 이전'도 성립요건이라고 보는 것이 맞을 것이다.[361] 그러나 점유의 이전이 전세권의 요소라고 할 수 없는 이상, 전세금의 지급 여부에 전세권이 일반적으로 부종한다고 할 수는 없으며, 전세금의 지급 여부에 부종하는 것은 전세권의 담보물권적 권능에 한한다고 할 것이다. 따라서 전세권자가 전세권설정계약에 따른 전세금 지급을 미룬다고 해도 전세권의 용익물권적 권능이 소멸하기 전까지만 전세금을 지급한다면 전세권의 담보물권적 권능이 발현하는 데에 아무런 문제가 없다고 해야 한다. 이에 대해서는 앞에서 상술한 바 있다.

다음으로 소멸에서의 부종성과 관련하여, 전세권의 담보물권적 권능은 전세금반환채권이 소멸할 경우 등기 없이도 소멸한다. 학설은 일반적으로 전세금반환채권이 소멸하면 전세권도 소멸한다고 서술하고 있지만,[362] 전세금반환채권이 발현하기 위해서는 전세권의 용익물권적 권능이 이미 소멸하였어야 하므로, 결과는 마찬가지라고 할 것이다.

(3) 수반성

다수설은, 일반적으로 전세권은 전세금에 수반한다고 한다. 따라서 전세금에 대한 권리가 양도 · 상속 등으로 그 동일성을 유지하면서 승계된 때에는, 전세권도 그에 따라서 승계된다고 한다.[363] 그러나 전세권은 용익물권적 권능도 포함하고 있으므로 통상적인 담보물권과는 다른 점이 있다고 해야 한다. 즉 담보물권의 수반성은

---

361) 金曾漢 · 金學東, 앞의 책, 415면 각주 2번; 梁彰洙, 앞의 글, 100면.
362) 郭潤直, 앞의 책《物權法》(新訂版), 468면; 김상용, 앞의 책《물권법》, 504면.
363) 郭潤直, 앞의 책《物權法》(新訂版), 468면.

전세권에서는 그대로 유지되지는 않으며, 전세권에서의 수반성이 라는 것은 저당권의 경우와 같이 피담보채권의 처분에 전세권이 종속적으로 승계된다는 것이 아니라, 전세권과 피담보채권이 일체로서 이전된다는 의미라고 보는 것이 타당하다.[364] 이는 민법이 전저당을 인정하지 않는 것(제361조 참조[365])과 전전세를 인정하는 것(제306조)을 비교해 보아도 알 수 있다. 전세권에 존재하는 인적 색채를 무시할 수 없는 이상 그 용익물권적 권능을 방해할 수는 없기 때문이다.

(4) 불가분성

다수설은 담보물권으로서의 전세권은 피담보채권인 전세금채권의 전액에 관하여 목적물 전부 위에 그 효력을 미친다고 한다. 민법은 유치권에 관하여 규정을 두고(제321조), 이를 질권과 저당권에 준용하고 있으나(제343조, 제355조, 제370조), 전세권도 담보물권인 이상 불가분성은 인정된다고 해석해야 한다는 것이다. 그러므로 예컨대 담보되는 전세금의 일부만이 남아 있는 경우에도 전세권자는 목적물 전부를 경매할 권리를 갖는다고 한다.[366]

이와 관련하여 전세권이 부동산의 일부에 설정된 경우에 부동산 전부에 대하여 경매청구를 할 수 있는가에 관한 논의가 있는데, 판례는 일관하여 전세권의 목적이 아닌 나머지 부분에 대하여 경매신

---

364) 朴淳成, 앞의 글 〈傳貰權에 관한 判例의 動向과 展望—傳貰權의 擔保物權性을 中心으로〉, 94면.

365) 현행 민법 제361조에 대응하는 의용민법 제375조는 전저당을 인정하고 있었다. 이에 대해서는 명순구, 앞의 책 《실록 대한민국민법 2》, 464-468면 참고.

366) 郭潤直, 앞의 책 《物權法》(新訂版), 469면.

청을 할 수 없다고 하고,[367] 학설은 담보물권의 불가분성을 이유로 이에 대해 비판적인 견해가 많다.[368]

그런데 불가분성은 담보물권적 권능에 기초한 것이므로 그 범위 내에 한정해서 인정되어야 할 것이다. 예를 들어 전세금 1천만 원에 A라는 부동산에 대해 전세권을 설정하였을 경우에 기간 종료 후 전세금을 500만 원만 반환하였을 경우 나머지 500만 원의 전세금에 기초해서 경매를 신청할 수 있는 것은 목적 부동산 A 전부라고 할 것이며, 이러한 범위 내에서 전세권의 담보물권적 권능에 기초한 불가분성은 의미를 갖는다. 그러나 예를 들어 고층건물의 한 구획에 전세권이 설정된 경우에 전세금의 반환이 지체되었다고 하여 그 건물 전체를 경매에 부칠 수 있다는 것은 부당하다.[369] 만약 위 사례같은 사정이 있을 경우에는 과잉경매를 이유로 경매개시결정에 대한 이의를 할 수 있다고 할 것이다(민사집행법 제86조, 제124조).[370] 이때 과잉경매라는 근거는 전세금이 사용대가라는 성질, 즉 용익물권적 권능에 기초한 것이라고 생각한다.[371]

(5) 물상대위성

다수설은 전세권에 물상대위성을 인정한다. 따라서 전세권은 본래

---

367) 대법원 1992.3.10. 자 91마256,91마257 결정; 대법원 2001.7.2. 자 2001마212 결정 등.

368) 김영희, 〈건물의 부분전세권자의 경매청구권에 관한 연구〉, 《비교사법》 제15권 3호, 2008, 203-213면; 朴淳成, 앞의 글 〈傳貰權에 관한 判例의 動向과 展望 — 傳貰權의 擔保物權性을 中心으로〉, 105-107면.

369) 梁彰洙, 앞의 글, 116면.

370) 梁彰洙, 위의 글, 116면; 池元林, 앞의 책, 719면.

371) 이홍민, 앞의 글 〈전세권의 본질과 전세금반환채권의 양도〉, 350면.

의 목적물 뿐만 아니라 그 대표물 위에도 효력을 미친다고 한다. 민법은 질권에 관하여 규정을 두고(제342조), 이를 저당권에 준용하고 있으나(제370조), 전세권에 관하여는 전혀 규정하고 있지 않다. 그러나 전세권도 일종의 담보물권인 이상, 당연히 물상대위성은 인정된다고 해석하여야 한다는 것이다.[372)]

그러나 담보물권의 하나인 유치권에 물상대위성이 없는 것에서 확인할 수 있는 것처럼, 물상대위성은 담보물권이 목적물의 사용·수익을 목적으로 하는 권리가 아니라 오로지 그 교환가치의 취득을 목적으로 하는 권리, 즉 가치권인 성질로부터 나오는 것이다.[373)] 따라서 용익물권적 권능이 존재하는 동안에는 물상대위가 인정될 여지는 없다고 할 것이고(이 경우에는 민법 제314조, 제315조 등에 의해서 해결될 것이다), 전세권의 용익물권적 권능이 소멸한 후에야 비로소 물상대위가 인정될 수 있다고 할 것이다.[374)]

(6) 소결

이처럼 전세권도 담보물권적 권능을 보유하는 이상 담보물권의 통유성이 어느 정도 인정되기는 하지만, 일반적인 담보물권에서의 논의가 그대로 인정된다고 할 수는 없다. 담보물권의 통유성은 전세권의 담보물권적 권능에 한하여 인정되는 것이며, 이러한 담보물권적 권능은 전세권의 용익물권적 권능이 소멸한 후에야 비로소 발현되기 때문이다.

---

372) 郭潤直, 앞의 책《物權法》(新訂版), 469면.
373) 金曾漢 · 金學東, 앞의 책, 451면.
374) 이홍민, 앞의 글 〈전세권의 본질과 전세금반환채권의 양도〉, 351면.

2. 경매청구권

전세권설정자가 전세금의 반환을 지체한 때에는 전세권자는 민사집행법에서 정한 바에 의하여 전세권의 목적물의 경매를 청구할 수 있다(민법 제318조). 이는 전세권자로 하여금 전세금을 확보할 수 있도록 하는 것으로, 1984년 민법 개정에 의하여 전세권에 우선변제권이 인정되기 전에는 이 규정을 근거로 전세권자에게 우선변제권을 인정하는 주장이 있기도 했다.[375] 여기서 '민사집행법에서 정한 바에 의한 목적물의 경매'는 담보권 실행을 위한 경매(민사집행법 제264조 이하)를 말한다.[376]

(1) 경매청구의 요건

가. 용익물권적 권능의 소멸

전세권자가 스스로 전세목적물에 대한 경매를 청구할 수 있으려면 전세권의 용익물권적 권능이 소멸해야 한다. 왜냐하면 경매청구권은 전세금반환청구권의 강제실현을 보장해 주기 위한 것이므로[377] 경매청구의 전제로서 전세금반환청구권을 행사할 수 있어야 하기 때문이다. 따라서 존속기간의 만료, 전세권설정자의 소멸청구, 전세권의 소멸통고 등의 사유가 발생하여 전세권의 용익물권적 권능이 소멸해야 한다.

---

375) 金曾漢, 앞의 책《新物權法》(下卷), 451면.

376) 池元林, 앞의 책, 719면.

377) 郭潤直 편/朴炳大 집필, 앞의 책, 265면.

나. 전세권설정자의 이행지체

전세권자가 경매를 청구하기 위해서는 전세권설정자가 전세금의 반환을 지체해야 하는데, 여기서 '전세금의 반환을 지체한 때'란 전세권자가 목적부동산의 반환 및 전세권등기의 말소에 필요한 서류를 제공하여(민법 제317조 참조) 전세권설정자를 이행지체에 빠뜨린 경우를 의미한다. 전세권자의 목적물인도 및 말소등기서류의 교부의무와 전세금반환채무는 동시이행의 관계에 있기 때문이다.

(2) 경매청구의 대상

한편 전세권은 부동산의 일부를 대상으로 할 수도 있는데, 여기에서 전세권자의 경매청구의 대상은 그 목적부분으로 한정되는가에 대하여 견해대립이 있다. 이에 대해 이에 대해 1설은 경매청구를 할 수 있는 부분은 목적부분으로 한정된다고 한다. 이에 따르면 전세권의 목적부분에 대한 분할등기를 한 후 경매신청을 해야 한다는 것이다.[378] 이와 달리 2설은 일부경매청구를 인정하게 되면 경매절차의 지연 등으로 전세권자에게 일방적으로 불리하고, 전부에 대한 경매청구를 인정하더라도 전세권설정자로서는 언제라도 변제를 하여 경매를 막을 수 있으므로 그에게 불리할 것만은 아니며, 민법 제303조 제1항이 우선변제에 관하여 "그 부동산전부에 대하여"라고 한 취지는 이와 같은 관념을 반영한 것이라고 하여 목적부분을 넘어서 부동산 전부에 대한 경매를 청구할 수 있다고 한다.[379] 그러나 민법 제303조 제1항이 부동산전부에 대한 우선변제권을 인정하

---

378) 金曾漢 · 金學東, 앞의 책, 435면.

379) 郭潤直, 앞의 책《物權法》(新訂版), 486면; 池元林, 앞의 책, 719면.

는 것과 전부에 대하여 경매청구를 할 수 있는지의 문제는 별개이며, 과잉경매를 허용하지 않는 법의 취지에 비추어 볼 때 1설이 타당하다고 생각한다. 대법원 1992.3.10. 선고 91마256,91마257 결정도 "건물의 일부에 대하여 전세권이 설정되어 있는 경우 그 전세권자는 민법 제303조 제1항, 제318조의 규정에 의하여 그 건물 전부에 대하여 후순위 권리자 기타 채권자보다 전세금의 우선변제를 받을 권리가 있고, 전세권설정자가 전세금의 반환을 지체한 때에는 전세권의 목적물의 경매를 청구할 수 있다 할 것이나, 전세권의 목적물이 아닌 나머지 건물부분에 대하여는 우선변제권은 별론으로 하고 경매신청권은 없다"라고 하여, 1설과 같은 취지이다.

3. 우선변제권

(1) 의의

전세권자는 목적물 전부에 대하여 후순위 권리자 기타 채권자보다 전세금의 우선변제를 받을 권리를 가진다(민법 제303조 제1항 후단). 원래 1958년의 제정민법은 전세권을 물권으로 규정하고, 경매권을 인정하면서도(제318조), 우선변제적 효력을 인정하지 않았다.[380] 이에 따라 전세권에 우선변제권이 인정될 것인가를 둘러싸고 첨예한 대립이 있었는데,[381] 우선, 우선변제권이 없다는 견해

380) 의용민법은 이와 달리, 질권에 관하여 우선변제권만을 인정하고 경매권은 별도로 규정하지 않고 있었다. 다만 경매법 제3조 제1항 "… 경매는 … 질권자 … 의 위임에 의하여 경매를 할 곳의 지방 재판소 소속의 집달리가 한다"는 규정에 의하여 경매권을 인정하는 데에 이견이 없었다(金曾漢 · 安二濬 共編, 《擔保物權法》, 葦聲文化社, 1957, 87면).

381) 당시의 대립되는 견해를 원문 그대로 소개한 문헌으로 李英燮, 〈傳貰權에 관

는 우선변제권에 관한 규정이 없다는 점과 전세권은 순수한 용익물권이라는 점을 근거로 하였다.[382] 이에 대해 우선변제권을 인정하는 견해는, 전세권이 다른 용익물권과 달리 담보적 기능을 가진다는 점과 우선변제권 없는 경매권이라는 것은 전혀 무의미한 것이므로 전세권자에게 경매권을 인정한 민법의 취지를 살리려면 전세권자에게 우선변제권을 인정해야 한다는 점을 근거로 하였다.[383] 그 밖에 1962년 1월 20일 법률 제998호로서 공포된 파산법 제84조는 전세권자에게 별제권을 인정하고 있었는데, 별제권은 원칙적으로 담보물권에 인정되는 것임에 비추어 전세권도 우선변제권을 가지는 담보물권으로 본 것이라고 할 수도 있을 것이라고 하기도 하였다.[384] 다만 이에 대해 당시의 법무부장관은 재무부장관에 대한 질의회답에서, 전세권의 우선변제의 효력을 인정치 않는다 하더라도 목적물을 계속 점유함으로써 사실상 우선변제를 받을 수 있으므로 전세권보호에 중대한 장해는 없다고 할 수 있을 것이며, 이론적으로는 우선변제효력을 인정하는 것이 타당하겠지만, 명문규정이나 판례가 없으므로 입법을 기다려야 할 것이라고 하였다.[385] 이러한

한 몇 가지 問題(一)〉, 《法曹》 제10권 제3호, 法曹協會, 1961, 5-10면 참조.

382) 崔栻, 《新物權 · 擔保物權法》, 博英社, 1960, 259면; 方順元, 《新物權法》, 一韓圖書出版社, 1960, 201면; 郭潤直, 《物權法》, 博英社, 1963, 314-316면 등.

383) 金曾漢, 앞의 책 《新物權法》(下卷), 451면. 그 밖에 李英燮, 앞의 글 〈傳貰權에 관한 몇가지 問題(一)〉, 6-8면은 張庚鶴, 《新物權法各論》(上卷), 서울考試學會, 1959, 112면 및 李宗洽, 《新物權法》, 旺文社, 1960, 322면을 같은 의견으로 평가한다.

384) 郭潤直, 〈傳貰權制度에 대한 若干의 考察〉, 《서울대학교 法學》 제3권 제2호, 서울대학교 법학연구소, 1962, 291면.

385) 1960년 4월 14일 법무부장관 질의회답(李英燮, 앞의 글 〈傳貰權에 관한 몇가지 問題(一)〉, 9-10면에서 재인용).

논의가 계속되는 과정에서 1984년 민법 개정에 의하여 전세권자에게 우선변제권이 인정되게 된 것이다.

(2) 우선변제의 범위

전세권자는 전세목적물에 대하여 실시된 어떠한 경매절차에라도 참여하여 우선변제권을 행사할 수 있으며, 또한 경매절차에서 자신의 권리를 행사하지 못했다 하더라도 그 때 행사하였더라면 배당받았을 금액에 대하여, 부당이득을 원인으로 다른 후순위 배당채권자로부터 반환받을 수 있다.[386] 이때 부동산 일부에 대한 전세권자라도 '그 부동산 전부에 대하여' 우선변제를 받을 수 있다. 즉 전세권의 목적물이 한 개의 부동산 전부가 아닌 경우에도, 전세권자는 그 부동산에 대한 권리의 순위에 따라 그 부동산 전체의 매각대금에서 전세금을 우선변제받을 수 있고, 객체가 되는 부분의 비율에 따른 매각대금만이 우선변제의 대상이 되는 것은 아니다. 이는 한 개 부동산의 일부만이 전세권의 객체가 된 경우에 그 부분만을 분할하여 경매하는 것이 사실상 곤란한 경우가 많고, 그 일부만의 교환가치를 구분정산하는 것 또한 쉽지 않다는 현실적인 난점을 고려하여, 전세권자의 보호를 위해 우선변제권의 범위를 확장한 것이라고 할 수 있다.[387]

다만 문제가 되는 것은 우선변제받을 수 있는 채권의 범위이다. 즉 질권이나 저당권이 피담보채권의 범위에 대해 명확한 규정을 두고 있는 것(민법 제334조, 제360조 참고)과 달리, 전세권에 있어서

386) 대법원 1988.11.8. 선고 86다카2949 판결; 대법원 2000.10.10. 선고 99다53230 판결 등 참고.

387) 郭潤直 편/朴炳大 집필, 앞의 책, 196면.

는 우선변제받을 수 있는 피담보채권의 범위에 대해 아무런 규정을 두지 않고, 다만 '전세금'의 우선변제를 받을 수 있다고 규정할 뿐이다. 이때 전세권자가 우선변제받아야 하는 채권의 핵심이 되는 것이 전세금인 것은 분명하지만, 예컨대 목적물에 대한 유익비상환청구권(민법 제310조)이나, 매수청구권의 행사에 의한 매매대금청구권(민법 제316조), 전세권설정자의 전세금반환채무의 이행지체 등으로 인한 손해배상청구권 등이 우선변제의 대상이 되는 채권의 범위에서 벗어나는지 문제되는 것이다.[388)]

그런데 1984년의 민법개정과정에서 우선변제받을 채권범위를 '전세금'으로 규정한 취지라든지, 저당권자 등 후순위권리자의 지위를 위태롭게 할 수 있는 우려를 고려하면, 현행법의 해석상 우선변제받을 수 있는 채권의 범위를 '전세금' 외에까지 확대하는 것은 무리라고 할 수밖에 없을 것이다. 그러나 입법론으로는 위와 같은 경우들까지 포함하여 우선변제받을 수 있는 채권의 범위로 포섭시키는 것이 타당하다고 할 것이다.[389)] 최근의 민법개정시안에는 이처럼 우선변제받을 채권의 범위를 확대시키는 내용은 포함되어 있지 않은데, 이는 무척 유감스러운 부분이다.

4. 물권적 청구권

전세권의 담보물권적 권능에 대한 침해가 있을 경우에 전세권자는 물권적 청구권을 행사하여 그 침해를 배제할 수 있다(민법 제319

388) 郭潤直 편/朴炳大 집필, 앞의 책, 194면.
389) 郭潤直 편/朴炳大 집필, 위의 책, 194-195면.

조). 다만 이 경우 전세권에 준용되는 규정은 그 용익물권적 권능이 존속할 때와는 달리 민법 제214조에 한하며, 전세목적물의 반환을 청구할 수는 없다고 할 것이다. 전세권의 담보물권적 권능은 그 용익물권적 권능이 소멸해야 비로소 발현하게 되는데, 전세권에 유치적 효력이 인정되지 않는 이상, 이 경우 전세권자에게 전세목적물을 점유할 수 있는 권능은 없기 때문이다.[390)]

VI. 담보물권적 권능의 소멸

전세권의 담보물권적 권능은 전세금반환채권을 확보하기 위하여 인정되는 것이다. 따라서 그 부종성에 의하여 피담보채권으로서의 전세금반환채권이 소멸하면 별도의 말소등기 없이도 소멸한다. 이 때 전세금반환채권에 부종하는 것은 전세권의 담보물권적 권능에 한하므로, 예컨대 전세권의 용익물권적 권능이 아직 존속하여 그 담보물권적 권능이 발현하기 전에 전세권설정자가 전세권자에게 전세금을 반환하여 전세금반환채권이 소멸하였다고 할 경우, 전세권설정계약 등에 의해 인정되는 존속기간 동안 전세권의 용익물권적 권능은 그대로 잔존할 수 있다.[391)]

---

390) 이홍민, 앞의 글 〈전세권의 법적 구조와 전세권저당권에 관한 법률관계〉, 333-334면.

391) 姜台星, 앞의 책, 808면도 전세금채권의 존속이 전세권의 존속요건은 아니라고 한다.

제5절 전세권의 처분

1. 전세권 처분의 자유와 제한

전세권도 물권이므로, 전세권자는 자신의 전세권을 자유롭게 처분할 수 있다. 즉 전세권을 타인에게 양도하거나 담보로 제공할 수 있고, 그 존속기간 내에서 전세 목적물을 타인에게 전전세(轉傳貰)하거나 임대할 수 있다(민법 제306조 본문).

전세권자는 전세권을 취득하게 되면서 전세권설정자에게 상당히 고액의 전세금을 지급할 뿐만 아니라, 전세권 취득 후에도 많은 투자[예컨대 건물 기타의 공작물을 축조하거나 수목(樹木)을 심는 등에 따른 비용]를 한다. 이에 따라 전세권자로서는 이러한 투하자본을 회수하는 것이 무척 중요한데, 전세 목적물을 양도 · 담보로 제공하거나 전전세 · 임대할 수 있도록 한 것은 이러한 투하자본 회수에 큰 기여를 한다.[392)]

다만 이러한 전세권의 처분의 자유는 당사자의 설정행위로써 제한할 수 있다(민법 제306조 단서). 이러한 처분금지의 특약은 등기해야 제3자에게 대항할 수 있다(부동산등기법 제72조 제1항 5호). 이처럼 당사자의 설정행위에 의하여 물권 처분의 자유를 제한할 수 있도록 하는 것은 상당히 특이한 것인데, 이는 과거의 전세 관행이 반영된 것이라고 할 수 있다.[393)]

---

392) 姜台星, 앞의 책, 828면.
393) 이에 관한 상세는, 명순구, 앞의 책 《실록 대한민국 민법 2》, 334-336면 참고.

아래에서는 전세권의 처분에 대해 유형별로 살펴보도록 하겠다.

2. 전세권의 양도

(1) 전세권 양도의 요건

전세권자는 전세권을 제3자에게 양도할 수 있다. 이 경우 전세권 양도는 법률행위에 의한 부동산물권의 변동이므로 당사자 사이에 전세권 양도의 합의 외에 전세권이전등기를 하여야 한다(민법 제186조). 이때 전세권이전등기는 전세권등기를 변경하는 부기등기의 방식에 의한다(부동산등기법 제52조 제5호). 한편 전세권의 양도는 물권의 양도이므로, 전세권설정자의 동의 또는 그에 대한 양도통지(채권양도에 관한 450조)를 요하지 않는다.

(2) 양도대금액

전세권양도의 대금액에 대해서는 아무런 제한이 없다. 따라서 전세권양도인과 전세권설정자 간의 애초의 전세권설정계약에서 정해진 금액보다 많은 금액으로 전세권을 양도하는 것도 허용된다. 다만 이 경우 전세권양수인은 전세권설정자에 대하여 전세권양도인과 동일한 권리의무가 있을 뿐(민법 제307조)이므로, 전세권의 용익물권적 권능이 소멸한 후 전세권양수인이 전세권설정자에게 청구할 수 있는 전세금은 전세권양도인과 전세권설정자 간에 정해진 전세금액으로 한정된다.[394)]

---

394) 姜台星, 앞의 책, 829면.

(3) 전세권 양도의 효과

전세권의 양도가 있게 되면, 전세권양수인은 전세권설정자에 대하여 전세권양도인과 동일한 권리의무가 있다(민법 제307조). 즉 양수인(현전세권자)은 양도인(구전세권자)의 법적 지위를 총체적으로 인수한다고 할수 있다.[395] 다만 이 경우, 예를 들어 전세권자가 전세물을 훼손한 후에 그 전세권을 양도하는 경우와 같이, 이미 양도인의 귀책사유에 의하여 전세권설정자(전세물소유자)에게 발생한 양도인의 손해배상책임까지도 이전되는지에 대해서는 견해대립이 있다.

이에 대해 부정설은, 불법행위로 인한 손해배상책임은 불법행위자가 져야 하며, 양도인이 인적으로 부담하는 의무까지 당연히 승계되는 범위에 포함된다고 볼 수는 없다고 한다.[396] 이와 달리 긍정설은, 전세금은 보증금의 일종으로 전세권 소멸 후에 이를 통해 자신의 전세금반환채무와 전세권자의 손해배상채무 등을 상계할 수 있는데, 전세권이 양도된 경우에 전세권양수인이 손해배상채무를 승계하지 않는다면 전세권설정자에게 아주 불리한 결과가 발생한다는 이유로 손해배상책임도 승계된다고 한다.[397]

그런데 전세금이 보증금의 성격을 가진다고 해서 전세권양수인에게 양도인의 인적 책임을 당연히 부담하도록 하는 것은 타당하지 않다고 생각한다. 다만 전세금양도대금액에 비추어 양수인이 인수하였다고 해석될 경우에는 승계된다고 해도 무방할 것이다.[398]

---

395) 池元林, 앞의 책, 712면.
396) 高翔龍, 앞의 책, 485면; 金曾漢 · 金學東, 앞의 책, 425면.
397) 姜台星, 앞의 책, 830면.
398) 李英俊, 앞의 책, 679-680면.

3. 전세권의 담보제공

민법 제306조는 전세권자가 전세권을 담보로 제공하는 것을 원칙적으로 허용하고 있으며, 제371조는 전세권을 목적으로 하여 저당권을 설정한 경우에 대해 규정하고 있다. 이처럼 전세권을 목적으로 한 저당권을 '전세권저당권'이라고 한다. 이러한 전세권저당권에 대해서는 최근 그 목적(대상)이 무엇인지, 또 그 효력은 어떠한지 많은 논의가 이루어지고 있다.[399)]

(1) 전세권저당권의 목적

가. 문제점

위에서 본 것처럼 전세권은 용익물권적 권능과 담보물권적 권능이 함께 존재하는 물권이다. 그런데 이러한 전세권에 대해 저당권을 설정할 경우에 용익물권적 권능과 담보물권적 권능을 포함한 전세권 전체가 대상이 되는지, 아니면 용익물권적 권능에 한하여 그 대상이 되는지 문제된다.

나. 판례의 태도

대법원 1999.9.17. 선고 98다31301 판결은 "전세권에 대하여 저당권이 설정된 경우 그 저당권의 목적물은 물권인 전세권 자체이지 전세금반환채권은 그 목적물이 아니"라고 한다. 이 표현만 보면 전세권저당권의 목적이 담보물권적 권능을 포함한 전세권 자체라고

---

399) 아래의 서술은 이홍민, 앞의 글 〈전세권의 법적 구조와 전세권저당권에 관한 법률관계〉, 336-345면을 요약 · 정리한 것이다.

보는 것으로 오해할 수 있지만, 같은 판결에서 "전세권이 기간만료로 종료된 경우 전세권은 전세권설정등기의 말소등기 없이도 당연히 소멸"한다고 하는데, 전세권이 기간만료로 종료된 경우 소멸하는 것에 대해 최근의 다른 판결들이 "전세권의 용익물권적 권능이 소멸"[400)]한다고 표현하는 것을 보면, 결국 위 판결이 전세권저당권의 목적으로 파악한 것은 전세권의 용익물권적 권능이라고 할 수 있을 것이다. 최근의 대법원 2008.3.13. 선고 2006다29372,29389 판결 역시 "전세권의 존속기간이 만료하면 전세권의 용익물권적 권능이 소멸하기 때문에 그 전세권에 대한 저당권자…"라고 하여, 전세권저당권의 목적이 전세권의 용익물권적 권능임을 명확히 하고 있다.

다. 판례에 반대하는 입장

판례의 태도에 반대하는 견해는, 우선 전세금반환청구권은 전세권설정계약 자체에 기하여 발생하는 권리이므로 일종의 물권적청구권이라고 하며, 이를 전제로 전세권저당권을 설정하고 이를 설정받는 당사자의 의사는 전세권부 전세금채권을 목적물로 하며, 판례와 같이 당사자의 의사를 무시하는 해석론은 전세권저당권이 약정제한물권인 점에 비추어 타당하지 않다고 한다.[401)] 즉 전세권저당권을 설정하는 당사자로서는 전세권이 소멸할 경우 그 전세금반환채권으로부터라도 우선변제를 받을 수 있을 것으로 기대하고 이

400) 대법원 2005.3.25. 선고 2003다35659 판결; 대법원 2008.3.13. 선고 2006다29372,29389 판결.

401) 김창섭, 〈전세권에 대한 저당권의 우선변제적 효력의 인정 여부〉, 《법조》 제50권 4호, 법조협회, 2001, 223-224면.

를 설정하는 것이 일반적이라고 할 것인데, 이러한 전세금반환채권이 전세권저당권의 목적에 포함되지 않는 것은 당사자의 의사에 반한다는 것이다. 한편 담보물권의 수반성에 비추어 보아도 피담보채권으로서의 전세금반환청구권과 이를 담보하는 전세권은 일체로서 처분되어야 하므로, 전세권을 담보로 제공하는 경우에도 전세금반환청구권은 전세권과 일체로서 담보의 대상이 되어야 한다고 한다.[402)]

라. 검토

전세금반환청구권은 어디까지나 조건부 채권인 전세금반환채권의 조건(전세권의 용익물권적 권능이 소멸한 후 전세금을 전세권자의 채무에 충당하고 남는 것이 있을 것이라는 정지조건)이 실현되었을 때 그 채권으로부터 비로소 발생하는 채권적 청구권이지, 이를 물권적 청구권이라고 할 수는 없다. 뿐만 아니라 당사자의 의사를 중요시한다고 해도 물권법정주의를 위반하면서까지 당사자의 의사에 따를 수는 없을 것이다. 무엇보다 전세권저당권에 대한 입법자의 의사는 전세권의 용익물권적 권능만을 대상으로 한다고 할 수 있다.

즉 현행 민법 제371조 제1항의 입법에 참고가 되었던 외국의 입법례를 우선 검토해 보면, 일본민법 제369조 제2항은 용익물권만을 저당권의 목적으로 하고 있으며,[403)] 만주국 민법 제357조 제1항[404)]

402) 김창섭, 위의 글, 224-225면.

403) 일본민법 제369조 제2항은 "지상권 및 영소작권(永小作權)도 또한 이를 저당권의 목적으로 할 수 있다"라고 규정하고 있다. 여기서 영소작권이란 타인의 토지를 사용해서 경작 또는 목축을 할 권리로서, 토지의 사용을 본체로 하는 권리(我妻榮 저/安二濬 역, 《物權法》, 文星堂, 1956, 205, 209면), 즉 용익물권이다.

404) 만주국 민법 제357조 제1항은 다음과 같다: "지상권, 경종권(耕種權), 또는 전

및 중화민국 민법 제882조[405)]는 규정상으로는 우리 민법상 전세권과 유사한 만주국 민법 및 중화민국 민법의 전권(典權)에 저당권을 설정하는 것을 허용하고 있지만, 이 규정들의 해석에서도 이러한 저당권의 목적은 용익물권에 한하는 것으로 해석되고 있다.[406)] 뿐만 아니라 우리 민법의 입법자는, 저당권을 대상으로 하는 저당권을 인정하자는 주장이 국회에서 논의되었으나 이를 거부함으로써,[407)] 담보물권에 대해 저당권이 설정되는 것을 명백히 부정하였다. 이런 점에 비추어 볼 때 입법자는 애초에 전세권저당권의 대상을 전세권의 용익물권적 권능에 한정하고 있었다고 할 수 있을 것이다.

결국 전세권저당권의 목적은 전세권의 용익물권적 권능에 한정된다고 해야 할 것이다. 판례에 반대하는 입장은 담보물권의 수반성을 근거로 전세권을 담보로 제공하는 경우에도 전세금반환청구권은 전세권과 일체로서 담보의 대상이 되어야 한다고 하지만, 담보물권의 수반성은 앞에서 본 바와 같이 전세권의 담보물권적 권능에 한하여 적용되는 것이고 전세권의 용익물권적 권능에는 그 적용이 없다. 즉 전세권저당권의 대상이 전세권의 용익물권적 권능에 한정되는 이상 담보물권의 수반성은 애초에 적용될 여지가 없게 된다.

권(典權)을 저당[抵押]의 목적으로 한 자는 저당권자의 동의가 있지 않으면 그 권리를 소멸시킬 수 없다."

405) 중화민국 민법 제882조는 다음과 같다: "지상권, 영소작권[永佃權] 및 전권은 어느 것이나 저당권의 목적으로 할 수 있다." 이 규정은 2010년 1월 5일에 개정되어, 현재 대만 민법 제882조는 "지상권, 농육권(農育權) 및 전권은 모두 저당권의 목적으로 할 수 있다"라고 하고 있다.

406) 이에 관한 상세는 이홍민, 앞의 글 〈전세권의 법적 구조와 전세권저당권에 관한 법률관계〉, 338-339면 참고.

407) 제26회 국회정기회의속기록 제48호, 국회사무처, 1957.11.28, 8면; 명순구, 앞의 책 《실록 대한민국 민법 2》, 464-467면 참고.

(2) 전세권저당권의 효력

가. 전세기간 만료 전의 효력

민법 제371조 제1항은 "본 장의 규정은 … 전세권을 저당권의 목적으로 한 경우에 준용한다"고 하고 있다. 따라서 전세권을 목적으로 하는 저당권에 대해서는 부동산을 목적으로 하는 저당권에 관한 규정이 준용되어, 그 실행절차는 부동산경매절차에 의하게 된다. 즉 민사집행법 제273조에서 정하는 '채권과 그 밖의 재산권에 대한 담보권의 실행'절차에 따르지 않고, 민사집행법 제264조 소정의 부동산경매절차에 의하게 된다.[408] 이때 경매의 목적물은 부동산 그 자체가 아니라 전세권이므로 매수인은 부동산에 대한 소유권을 취득하는 것이 아니라 전세권을 취득하게 된다.[409] 다만 여기서 의미하는 '전세권'이 무엇인지 문제되는데, 전세권저당권의 목적이 전세권의 용익물권적 권능에 한정된다고 보는 이상, 여기서의 '전세권' 역시 전세권의 용익물권적 권능에 한정된다고 보는 것이 타당할 것이다. 이 경우 경매절차에 있어서 전세권의 가액을 어떻게 확정하느냐가 문제될 수 있는데,[410] 전세권의 존속기간 만료일까지의 사용·수익 비용에 해당하는 금액으로 해야 할 것이다.

이처럼 전세기간이 만료되기 전에 전세권저당권이 실행되어 매수인이 전세권의 용익물권적 권능을 취득한다고 할 때에, 전세권저당권의 목적에 포함되지 않은 전세금반환채권 및 전세권의 담보물

---

408) 郭潤直 편/曺大鉉 집필, 《民法注解[VII]》, 博英社, 1992, 239면.

409) 郭潤直 편/曺大鉉 집필, 앞의 책, 239면.

410) 오경미, 〈채권담보 목적의 전세권과 그에 관하여 설정된 저당권의 법률관계—연구대상판결 : 대법원 2006.2.9. 선고 2005다59864 판결〉, 《판례연구》 18집, 부산판례연구회, 2007, 172면 각주 20번.

권적 권능에 대해 매수인이 당연히 취득한다고 할 수는 없으며, 전세권의 용익물권적 권능과 담보물권적 권능의 귀속주체가 분리되는 현상이 발생하게 된다. 이 경우 현행법상 전세권의 용익물권적 권능과 담보물권적 권능을 구분하여 등기할 수 있는 방법이 없으므로, 매수인으로서는 그가 취득한 전세권의 용익물권적 권능을 다시 처분할 수는 없다는 문제가 있다(민법 제187조 단서 참고). 입법론적으로는 전세권의 두 권능을 구분하여 등기할 수 있도록 할 필요가 있다고 생각한다.

나. 전세기간 만료 후의 효력

(가) 전세권의 용익물권적 권능 및 전세권저당권의 소멸

전세권의 내용을 용익물권적 권능과 담보물권적 권능으로 구분해 볼 때, 전세기간의 만료에 의해 소멸되는 부분은 그 용익물권적 권능에 한한다. 따라서 전세권의 존속기간이 만료되었다 하더라도, 그 담보물권적 권능은 여전히 유효하며 전세권자가 전세금을 반환받을 때까지는 전세권이 유효하게 존속한다고 할 수밖에 없을 것이다.[411)]

문제가 되는 것은 전세권의 용익물권적 권능이 소멸할 때 이를 목적으로 하고 있는 전세권저당권도 소멸하는지 여부이다. 대법원 1999.9.17. 선고 98다31301 판결은 이에 대해 "저당권의 목적물인 전세권이 소멸하면 저당권도 당연히 소멸하는 것이므로 전세권을 목적으로 한 저당권자는 전세권의 목적물인 부동산의 소유자에게

---

411) 이상태, 〈전세권저당권자의 법적 지위〉, 《民事法學》 제38호, 韓國民事法學會, 2007, 587면.

더 이상 저당권을 주장할 수 없다"고 하여 전세권저당권의 소멸을 긍정하는 입장을 취하고 있다.[412)]

이에 대해 판례에 반대하는 입장에서는, 전세금반환채권도 저당권의 목적이 된다는 것을 전제로, 전세권의 존속기간 만료로 전세권저당권은 전세권의 담보물권적 권능에 의하여 담보되는 전세금반환채권을 대상으로 존속하게 된다고 한다. 전세권저당권을 설정받는 자는 전세권저당권의 피담보채권을 변제받지 못하더라도 전세기간이 만료된 후 전세권자가 전세권설정자에 대하여 반환받는 전세금으로 우선변제를 받을 수 있다고 믿고 저당권을 설정받았을 것이고, 또 그에 대해 등기까지 마쳤음에도 불구하고, 전세권의 존속기간이 만료로 전세금의 반환 여부와 상관없이 전세권저당권도 소멸해 버린다고 해석한다면, 이는 당사자의 신뢰를 저버리는 것이라는 것이다.[413)]

그러나 위와 같은 해석은 지나치게 전세권저당권자의 보호에 치우친 것으로서 전세권설정자의 보호를 생각하면 따르기 힘들다. 즉 전세권저당권은 전세권설정자의 관여 없이 전세권자와 전세권저당권자의 합의만으로 이루어지게 되는데,[414)] 위와 같이 해석하면 전세권설정자로서는 전세권저당권 설정사실을 알지 못한 채

---

412) 대법원 2008.3.13. 선고 2006다29372,29389 판결도 "전세권의 존속기간이 만료하면 전세권의 용익물권적 권능이 소멸하기 때문에 그 전세권에 대한 저당권자는 더 이상 전세권 자체에 대하여 저당권을 실행할 수 없게" 된다고 하여 같은 태도를 취하고 있다.

413) 남양우, 〈전세권을 목적으로 한 저당권의 효력에 관하여〉, 《실무연구자료》 제7권, 대전지방법원, 2006. 86면.

414) 대법원 1999.9.17. 선고 98다31301 판결도 "전세권을 목적물로 하는 저당권의 설정은 전세권의 목적물 소유자의 의사와는 상관없이 전세권자의 동의만 있으면 가능한 것"이라고 하여 이 점을 지적하고 있다.

전세권자에게 전세금을 반환한 경우에 이중변제의 위험이 있기 때문이다.

이에 대해 전세권저당권의 소멸을 부정하는 입장에서는, 채권질권에 관한 규정을 준용하거나 유추적용하여 전세권저당권자와 전세권설정자의 이익을 조화시킬 수 있다고 한다.[415] 즉 담보물권적 권능만이 남은 전세권에 저당권이 설정되어 있다는 것은 전세금반환채권에 저당권이 설정되어 있는 것과 같은 구조이므로, 그 실질은 채권질권과 같은 성질을 띠게 된다는 것이다.[416] 이에 따라 저당권을 설정한 전세권자가 전세권설정자에게 저당권설정 사실을 통지하거나 전세권설정자가 이를 승낙하면, 전세권저당권자는 전세금반환채권에 대한 압류 및 전부명령 또는 추심명령이 없어도 전세권설정자에 대하여 저당권을 주장할 수 있다고 한다.[417]

그러나 명문의 규정 없이 채권질권에 관한 규정을 전세권저당권에 유추적용하는 것은 우리 물권법 체계를 벗어나는 것일 뿐만 아니라, 전세금반환채권에 대한 압류 및 추심 · 전부명령 또는 제3자가 실시한 강제집행절차에서의 배당요구 없이도 당연히 배당요구를 한 것으로 취급하는 것은 민사집행법 제91조 제3항, 제4항, 제148조의 명문규정에 반하며 채권집행의 본질에도 반하는 해석이라서 받아들이기 어렵다고 할 것이다.[418] 결국 현행법의 해석으로는 전세권의 존속기간이 만료되었을 때에 전세권의 용익물권적 권능

---

415) 강대성, 〈전세권저당권의 우선변제적 효력〉, 《토지법학》 제24권 1호, 한국토지법학회, 2008, 43-44면; 남양우, 앞의 글, 86면.

416) 김창섭, 앞의 글, 235-236면; 이상태, 앞의 글 〈전세권저당권자의 법적 지위〉, 597면.

417) 남양우, 앞의 글, 86-87면.

418) 오경미, 앞의 글, 175면.

이 소멸하게 되고, 전세권저당권의 목적이 된 이러한 권능이 소멸하면 저당권의 목적이 소멸한 경우가 되므로 전세권저당권 또한 소멸한다고 할 수밖에 없을 것이다.

다만 이 경우 전세금반환채권에 대해 전세권저당권의 효력이 미칠 것으로 믿었던 전세권저당권자의 보호가 문제되는데, 이를 대비하여 전세권저당권자로서는 전세권저당권을 설정받을 때에 미리 장래의 특정채권으로서의 전세금반환채권에 대해 질권을 설정해 놓았어야 할 것이다. 즉 전세금반환채권이 전세권저당권의 목적이 됨을 전제로 하여 명문의 규정 없이 채권질권에 관한 규정을 전세권저당권에 유추적용하는 견해는 따를 수 없지만, 전세금반환채권이라는 장래의 특정채권에 대해 미리 채권질권을 설정해서 그로부터 보호받는 것은 아무런 문제가 없다. 한편 이러한 채권질권을 반드시 전세권저당권의 설정과 함께 할 필요는 없으므로, 민법 제371조 제2항의 취지에 비추어 전세권저당권을 설정한 자는 존속기간의 만료가 가까움에 따라 저당권이 소멸할 수 있다는 취지를 전세권저당권자에게 통지할 신의칙상의 의무가 있다고 할 것이고, 전세권저당권자는 이에 따라 전세금반환채권에 채권질권을 설정할 수 있다고 하면 전세권저당권자의 보호에는 별 무리가 없을 것으로 생각한다.

최근 법무부의 민법개정시안은 명문의 규정으로 채권질권에 관한 규정을 적용하는 것으로 하여 입법적으로 이를 해결하고 있다.

(나) 전세금반환채권에 대한 물상대위성의 인정 여부

대법원 1999.9.17. 선고 98다31301 판결은 전세권의 존속기간이 만료하여 전세권저당권이 소멸한 경우에 대하여, “민법 제370조, 제

342조 및 민사소송법 제733조에 의하여 저당권의 목적물인 전세권에 갈음하여 존속하는 것으로 볼 수 있는 전세금반환채권에 대하여 압류 및 추심명령 또는 전부명령을 받거나 제3자가 전세금반환채권에 대하여 실시한 강제집행절차에서 배당요구를 하는 등의 방법으로 자신의 권리를 행사하여 비로소 전세권설정자에 대해 전세금의 지급을 구할 수 있게 된다"고 하여, 전세금반환채권에 대한 저당권자의 물상대위를 인정하고 있다.

이에 대해 채권질권에 관한 규정을 준용 또는 유추적용해야 한다는 견해에서는, 전세금반환채권이 처음부터 전세권과 함께 발생하여 전세금의 반환 시까지 전세권과 함께 존속하는 권리로서 전세권의 본질적 내용이지 전세권의 소멸로 인하여 그 대상물로서 새로이 발생하는 권리가 아니라는 점에 근거하여 물상대위를 부정하고 있다.[419] 즉, 전세권과 전세금채권은 동일한 전세권설정계약에 기하여 발생하여 담보물권과 그 피담보채권의 관계로 운명을 같이하는 권리이지, 전세기간 중에는 용익물권으로서의 전세권만이 존재하고 전세기간 후에는 전세금반환채권만이 존재하는 것이 아니라는 것이다.[420]

그러나 앞에서 본 바와 같이 전세금반환채권은 전세권설정계약과는 별개의 합의로부터 도출된다고 보는 것이 타당하다.[421] 즉 전세금반환채권을 전세권의 본질적 내용이라고 하기에는 무리가 있다고 생각한다. 뿐만 아니라 전세금반환채권이 비록 전세금 지급에 관한 합의에 따라 전세권의 존속기간이 만료하기 전부터 이미 존재

419) 김창섭, 앞의 글, 228면.
420) 김창섭, 위의 글, 228면.
421) 강태성, 앞의 책, 807면.

하고 있었다고 해도, 이는 전세권의 용익물권적 권능이 소멸할 것을 정지조건으로 하는 조건부 권리에 불과하기 때문에(민법 제317조 참조),[422] 존속기간이 만료하여 전세권의 용익물권적 권능이 소멸해야 비로소 그 효력이 발생한다(민법 제147조 제1항). 이처럼 전세금반환채권은 전세권저당권의 소멸에 의하여 비로소 그 효력이 발생한다는 점에서, 판례와 같이 물상대위성을 인정해도 큰 무리는 없다고 생각한다.

4. 전전세(轉傳貰)

(1) 의의

전전세(轉傳貰)란 전세권자가 전세권을 그대로 유지하면서 그 전세부동산을 목적으로 하는 전세권을 다시 설정하는 것을 말한다(민법 제306조, 제308조). 전세권의 양도의 경우 기존의 전세권이 이전되고 따라서 원래의 전세권자는 더 이상 전세권상의 권리 · 의무를 가지지 않음에 반하여, 전전세의 경우에는 기존의 전세권은 전세권자에게 그대로 존재하며, 이와 별개로 전세권자가 제3자에게 새로운 전세권을 추가로 설정하는 것이다.

(2) 요건

전전세권도 하나의 전세권이므로 이를 설정하기 위해서는 원전세권자(전전세권설정자)와 전전세권자 간의 전전세권 설정계약 및 등기를 요하지만(민법 제186조, 부동산등기법 제72조), 원전세권설

---

422) 양창수, 앞의 글, 114면.

정자의 동의는 요하지 않는다.

전세목적물의 일부에 대해서도 전전세권을 설정할 수 있으며(부동산등기법 제72조 제1항 6호), 전전세권은 전세권을 기초로 하므로 전전세권의 존속기간은 원전세권의 존속기간 내에서만 정할 수 있다(민법 제306조). 한편 다수설은 전전세금도 원전세금의 범위 내에 한정되어야 한다고 하지만,[423] 이는 법률에 근거가 없는 제한으로 타당하지 않다고 본다. 다만 전전세금이 원전세금을 넘는 경우에도 전전세권자에게 우선변제권이 인정되는 범위는 원전세금의 범위로 한정된다고 할 것이다.[424]

(3) 효과

가. 원전세권의 존속

전전세권을 설정하더라도 원전세권은 소멸하지 않는다. 다만 원전세권자는 전전세권에 의해 제한되는 한도에서는 스스로 전세목적물을 사용 · 수익할 수 없으며, 전전세권이 존속하는 동안에 전전세권을 해칠 수 있는 범위에서의 전세권 처분은 허용되지 않는다.

나. 원전세권자의 책임가중

원전세권자는 원전세권설정자의 동의가 없다고 해도 전전세를 할 수 있지만, 일단 전전세를 한 경우에는 전세권자는 전전세하지 아니하였으면 면할 수 있는 불가항력으로 인한 손해에 대해서도 그 책임을 부담한다(민법 제308조). 다만 전전세에 의하여 변경되는

423) 郭潤直, 郭潤直, 앞의 책《物權法》(新訂版), 478면.
424) 池元林, 앞의 책, 713면.

것은 오직 점유자일 뿐, 전질(轉質. 민법 제336조 참고)에서와 같은 장소적 이동은 존재하지 않는다는 점을 고려하면 그러한 손해란 실제로 상정하기 어렵다.[425]

다. 전전세권자의 법적 지위

전전세권자도 물권자이므로 전전세권자는 그 전전세권을 누구에게나 주장할 수 있으며, 따라서 원전세권설정자에게도 당연히 이를 주장할 수 있다.[426] 다만 여기서 원전세권설정자에게 주장할 수 있는 것은 사실 전세권의 용익물권적 권능, 즉 전세목적물의 사용수익권 뿐이며, 전전세권자가 원전세권설정자를 상대로 경매청구권 등을 행사할 수는 없다. 전전세권자가 가지는 피담보채권으로서의 전세금반환채권은 어디까지나 원전세권자(전전세권설정자)에 대한 것이기 때문이다.

한편 전전세권자는 원전세권자가 전세금반환의무를 이행하지 않을 경우 경매청구권 및 우선변제권을 행사할 수 있다. 이때 전전세권은 어디까지나 원전세권의 효력범위 안에서 그 효력을 가질 수 있으므로, 전전세권자는 원전세권자가 경매청구권을 행사할 수 있는 경우에만 독자적으로 경매청구를 할 수 있고, 또 원전세권자가 가지는 우선변제권의 범위 내에서만 우선변제를 청구할 수 있다.[427]

---

425) 姜台星, 앞의 책, 835-836면.
426) 姜台星, 위의 책, 837면.
427) 池元林, 앞의 책, 713면.

5. 전세부동산의 임대(306조)

전세권자는 전세권설정행위에 의하여 금지되지 않는 한, 전세권설정자의 동의 없이도 전세목적물을 임대할 수 있다(민법 제306조). 다만 전세권자가 전세목적물을 사용·수익할 수 있는 동안, 즉 전세권의 존속기간 내에서만 할 수 있으며, 이 경우 제308조에 의하여 전세권자의 책임이 가중되는 것은 전전세와 마찬가지이다.

제6절 전세권의 소멸

1. 전세권의 소멸사유

앞에서 전세권의 용익물권적 권능만 소멸하는 경우와 담보물권적 권능만 소멸하는 경우에 대해서는 이미 살펴보았다. 아래에서는 전세권 자체가 소멸하는 경우에 대해 살펴보도록 하겠다.

(1) 전세 목적물의 전부멸실

전세 목적물이 전부멸실된 경우에는 전세권자로서는 더 이상 이를 사용·수익할 수 없으므로, 우선 전세권의 용익물권적 권능은 소멸한다(민법 제314조 제1항). 이는 목적물의 전부멸실이 전세권자의 책임 있는 사유에 의한 것이든 불가항력에 의한 것이든 마찬가지이다. 다만 이 경우 전세목적물에 갈음하는 것이 전세권설정자에게 귀속되는 경우에는 이에 물상대위가 인정될 수 있다고 할 것이다

(민법 제342조의 유추적용).[428]

한편 전세 목적물이 전부멸실된 이유가 전세권자에게 책임 있는 사유에 의한 것인지 여부에 따라 그 손해배상책임에 대해서는 차이가 있다.

가. 전세권자의 책임 있는 사유에 의한 전부멸실

전세권자에게 책임 있는 사유로 인하여 멸실된 때에는 전세권자는 손해를 배상할 책임이 있다(민법 제315조 제1항). 이 경우 전세권설정자는 전세권이 소멸된 후 전세금으로써 손해의 배상에 충당하고, 나머지가 있으면 반환하여야 하지만 부족하다면 그 부족한 금액을 다시 청구할 수 있다(동조 제2항).[429] 이러한 손해배상책임은 전세 목적물에 대한 소유권 침해를 이유로 한 불법행위책임(민법 제750조)의 성질을 가진다고 할 것이다.

나. 불가항력에 의한 전부멸실

전세 목적물이 불가항력에 의하여 멸실된 경우에는, 전세권자에게 아무런 책임이 없으므로, 손해배상책임은 발생하지 않는다. 이 경우 전세권설정자로서는 전세권자에게 전세금을 반환해야 하는 문제가 발생하는데, 채무자의 귀책사유로 인한 전부멸실의 경우에는 전세금으로써 손해배상에 충당할 수 있어서 별 문제가 없을지 모르지만, 불가항력에 의한 경우 즉시 전세금반환을 하여야 한다고 보게 되면 불가항력으로 인한 위험을 모두 전세권설정자에게 부담시

---

428) 梁彰洙, 앞의 글, 115면.
429) 이는 전세금의 보증금으로서의 성질을 보여 주는 부분이다.

키는 결과가 되어 전세권설정자에게 불리한 것 같아 보이기도 한다. 예컨대 甲이 乙 소유의 A 부동산을 존속기간 5년, 전세금 5억 원으로 하여 전세권을 설정하였을 때에, 乙로서는 5년의 기간 동안 5억 원을 이용할 수 있는 권리가 존재하는데, A 부동산이 불가항력에 의하여 멸실된 경우 위 5억 원을 바로 甲에게 돌려주어야 한다면 乙에게 불리한 것처럼 보일 수 있다. 그러나 이는 물건의 위험은 소유자가 부담한다는 원칙에 따른 것일 뿐, 乙에게 특별히 불리한 것이라고 할 수는 없다. 이 경우 A 부동산의 전부 멸실에 따라 전세권의 담보물권적 권능의 대상도 소멸하므로 甲으로서는 담보 없는 단순채권으로서의 전세금반환채권만을 가지게 된다.[430)]

(2) 전세권의 포기

앞에서 본 바와 같이 전세권의 사용 · 수익권능만을 포기하는 것은 전세권설정자의 전세금반환의무를 발생시키는가 하는 문제와 관련하여, 전세권설정자에게 주어진 전세금의 금융에 대한 허여기간(許與期間)을 침해한다는 점에서 허용되지 않는다.

그러나 전세권도 재산권의 일종이므로, 전세권이 제3자의 권리의 목적인 경우가 아닌 이상, 전세권자가 전세권 전체를 포기하는 것은 원칙적으로 허용된다. 이때 전세권의 포기는 법률행위에 의한 부동산 물권변동이므로 등기를 해야 그 효력이 발생한다(민법 제186조).

다만 이 경우 전세금반환채권도 포기한 것으로 볼 수 있는지에 대해서는 견해의 대립이 있는데, 1설은 전세권자가 그 사용 · 수익권만을 포기하면서 전세금의 반환을 청구하는 것이라면 이는 실질적

---

430) 李相泰, 앞의 글 〈傳貰權 消滅의 解釋論〉, 51-52면 참고.

으로 전세권의 포기가 아니라 전세권의 소멸통고가 되므로, 소멸통고의 요건을 갖춘 때에만 허용되며, 전세권의 포기는 전세금반환채권의 포기를 포함하는 것으로 보아야 한다고 한다.[431] 이에 대해 2설은 이를 당사자의 의사해석 내지 법률행위 해석의 문제로 보면서, 전세권의 포기로 전세금반환채권까지 포기한 것이라고 인정할 만한 특별한 사정이 없는 한, 보통의 경우에는 전세권의 포기로 소멸하는 것은 전세권뿐이며, 전세금의 반환은 청구할 수 있다고 한다.[432] 2설이 타당하다고 할 것인데, 다만 주의할 것은 이 경우 전세권 전체를 포기하였기 때문에 전세금반환채권은 더 이상 담보부채권이 아니라 무담보부채권이 된다고 해야 한다.[433]

(3) 혼동

예를 들어 소유권자가 전세권자를 상속한 경우 전세권은 혼동에 의해 소멸하는 것이 원칙이다(민법 제191조). 이 경우에는 피담보채권으로서의 전세금반환채권도 소멸하므로, 전세권의 용익물권적 권능뿐만 아니라 담보물권적 권능을 포함한 전세권 전체가 소멸하게 된다.[434]

---

431) 金曾漢 · 金學東, 앞의 책, 431면.

432) 郭潤直, 앞의 책《物權法》(新訂版), 483면.

433) 이와 달리 郭潤直 편/朴炳大 집필, 앞의 책, 265면은 전세권의 포기도 경매청구권의 요건으로 파악함으로써 전세권을 포기한 경우 담보부채권으로서의 전세금반환청구권이 존속하는 것으로 보고 있다. 그러나 전세권의 포기도 법률행위에 의한 물권변동이므로 등기를 해야 하는 것으로 보는 한, 전세권의 용익물권적 권능만의 포기를 현행법상 등기할 수 있는 방법은 없으므로 결국 전세권의 포기를 등기한다는 것은 전세권 자체의 포기를 등기하는 것으로 보아야 할 것이고, 따라서 전세권의 담보물권적 권능이 존속하는 전세권의 포기는 불가능하다고 해석해야 할 것이다.

434) 李相泰, 위의 글, 54면.

2. 전세권 소멸의 효과

앞에서 본 바와 같이, 전세권의 용익물권적 권능이 소멸한 경우에는 피담보채권으로서의 전세금반환채권의 효력이 발생함과 동시에 전세권의 담보물권적 권능이 발현하는 효과가 발생한다. 또 이처럼 전세권의 용익물권적 권능이 소멸하게 되면, 전세권자로서는 더 이상 전세목적물을 사용수익할 수 없고, 한편으로는 더 이상 사용수익의 대가를 지급할 필요도 없기 때문에, 전세권설정자는 전세권자로부터 그 목적물의 인도 및 전세권설정등기의 말소등기에 필요한 서류의 교부를 받는 동시에 전세금을 반환하여야 한다(민법 제317조). 그리고 전세권자의 사용 · 수익에 따라 발생한 이해관계의 조정을 위해 부속물수거권, 부속물매수청구권, 유익비상환청구권 등이 인정된다.

전세목적물의 전부멸실이나 전세권의 포기, 혼동 등 전세권 전체가 소멸하는 경우에는 그 용익물권적 권능 또한 당연히 소멸하게 되므로, 위에서 본 전세권의 용익물권적 권능의 소멸에 따른 효과 또한 그대로 발생하게 된다. 다만 다른 점이 있다면 전세권의 담보물권적 권능 또한 소멸하므로 전세목적물의 전부 멸실이나 전세권의 포기의 경우에 전세금반환채권은 무담보부채권으로 존재할 뿐이며, 혼동의 경우에는 전세금반환채권 기타 권리도 소멸하므로 그러한 권리 또한 발생하지 않게 된다는 점이다.

담론을 닫으며

최근에 전세제도의 한 축을 이루고 있는 '채권적 전세'를 둘러싸고 많은 문제가 발생하면서 채권적 전세라는 제도가 소멸할 것이라는 점에 대해서는 어느 정도 공감대가 형성되어 가는 것 같다. 이러한 상황에서 최근에는 채권적 전세를 물권적 전세로 전환하는 방안(예를 들어 전세권 등기명령의 도입)을 연구하자는 주장이 제기되기도 하였다.[435] 이러한 주장은 다음과 같은 점을 근거로 한다. 즉, 종래에 물권적 전세제도가 잘 활용되지 않았던 이유는, 전세권 설정으로 부동산의 담보가치가 저하되므로 경제적으로 우월적 지위에 있는 전세권설정자가 전세권자의 등기신청에 협력해 주지 않았기 때문이었다고 볼 수 있는데, 현재 전세제도가 주로 활용되는 건물에 대해서는 이미 주택임대차보호법과 상가건물임대차보호법이 제정되어 있으므로 채권적 전세에 의해서도 담보가치가 저하되는 것은 마찬가지이다. 오히려 전세권자 내지 세입자가 비용이 많이 드는 전세권 설정등기보다는 주택임대차보호법상의 대항력과 확정일자

435) 김대규 · 황충현, 앞의 글, 135면.

부여 등의 방법을 활용하고 있는 실정인데, 고액의 전세금을 보호받기 위해서는 특별법에 의해 보호받는 채권적 전세보다 물권으로서의 전세권을 활용하는 것이 더 바람직하다는 것이다.[436] 그러나 이러한 주장이 강조하는 것처럼 우리 고유법을 계승하고 발전시켜야 한다는 요청은 별론으로 하고, 전세권 제도를 보완하여 이를 발전시켜야 한다는 점[437] 자체에는 동의할 수 있지만, 이를 위하여 채권적 전세를 물권적 전세로 대체하도록 유도하자는 방향에는 찬동하기 어렵다. 이러한 주장은 어디까지나 채권적 전세가 지속적으로 활용된다는 점을 전제로 한 것인데, 현재 채권적 전세를 둘러싼 문제의 근원인 '전세가의 급등'은, 물권적 전세를 활용한다고 해서 해결될 수 있는 성질의 것이 아니기 때문이다. 결국 전세가 점차 소멸할 것이라는 예상은 채권적 전세뿐만 아니라 물권적 전세인 전세권에 대해서도 어느 정도 타당하다고 할 수밖에 없다.

특히 최근 전세권이 활용되는 빈도를 찾아보면, 전체 부동산등기의 약 1.3%에 그칠 정도로 이미 그 활용빈도가 낮다는 것을 알 수 있는데,[438] 이러한 상태에서 최근의 전세가 상승은 전세권의 활용을 더욱 줄여나가 결국 전세권에 관한 규정들이 사문화될 것이라는 예상을 하게 한다. 이에 전세권에 관한 규정들의 사문화(死文化)를 막기 위해서는 다음 두 가지 점에 유의할 필요가 있다고 생각한다.

첫째, '전세'라는 표현에 얽매여서, 물권적 전세로서의 전세권을

---

436) 김대규 · 황충현, 앞의 글, 134-135면.

437) 김대규 · 황충현, 위의 글, 134면.

438) 2006-2010년의 부동산전체의 등기신청사건 수를 보면, 매년 1천만 건 이상의 신청사건 중에 약 250만 건 정도가 제한물권의 설정에 관한 사건이고, 그중 13만 건 정도가 전세권의 설정에 관한 사건이었다(고용철, 〈전세권의 법적 성질〉, 《재산법연구》 제28권 제3호, 2011, 158-159면 참고.

마치 채권적 전세가 물권화한 것으로 바라보는 시각에서 탈피해야 한다. 즉 채권적 전세의 법적 성질을 등기만 갖추지 못한 물권적 전세권으로 파악하여 전세권에 관한 규정들을 채권적 전세에 유추적용하고자 하는 시도[439]에서도 벗어날 필요가 있지만, 한편으로는 물권으로서의 전세권이 채권적 전세를 전제로 하는 것이라는 시각에서도 탈피해야 한다. 예컨대, 주택임대차에서 전입신고나 확정일자를 받기 곤란한 경우에는 전세권을 설정해야 한다[440]는 것은 실제 전세권을 활용하게 되는 중요한 예이기는 하지만, 마치 이런 경우에만 전세권을 활용할 수 있을 것이라는 선입견을 가지게 할 수도 있다는 점에서 주의해야 한다. 즉 현행민법상 전세권 자체를 분석하여 이를 활용하려고 할 것이지, 전세권에 관한 규정이 과거 전세에 관한 관습을 바탕으로 입법한 것이라고 하여 현재의 채권적 전세에 관한 관습과 연관을 짓게 되면 이는 결국 전세권 활용의 가능성을 줄이는 것에 불과하다고 생각한다.

둘째, 현행 전세권에 관한 규정들을 체계적으로 해석하여야 한다. 지금까지 살펴본 것과 같이, 종래의 교과서들은 전세권의 본질에 대한 분석과 그 일반적인 설명체계가 꼭 맞지는 않으며, 이에 따라 여러 가지 혼돈을 주고 있다. 즉 현행 민법상 전세권은 현재 다수설이 인정하는 바와 같이 용익물권성과 담보물권성을 모두 포함하는 특이한 물권이다. 이때 용익물권성과 담보물권성을 모두 포함한다는 것의 실질적인 의미는 전세권이 용익물권적 권능과 담보물권

439) 이에 관한 상세는 이홍민, 앞의 글 〈채권적 전세의 법적 규율〉, 112-117면 참고.
440) "'탈세온상' 오피스텔… 세입자는 떠도는 '유령'", 《머니투데이》 2014.2.11. 기사 <http://www.mt.co.kr/view/mtview.php?type=1&no=2014020615490553673&outlink=1> 참고.

적 권능을 모두 가지고 있으며, 따라서 전세권의 내용은 두 가지 권능에 따라 구분하여 파악할 수 있다는 것이다. 그러나 현재 전세권에 관하여 일반적인 교과서의 서술체계는 이러한 전세권의 특이한 점을 반영하지 않고, 전세권을 용익물권의 일종인 것을 전제로 한 것과 같은 체계에서 설명하다 보니 여러 가지 이론적인 문제가 생겨왔다. 그나마 다행인 것은 최근 법무부의 민법개정시안이 종래에 여러 가지 혼동을 주었던 부분을 해결하고자 하였다는 것이다. 그러나 이러한 민법개정시안이 민법의 개정으로 이어진다고 해도, 현재와 같은 서술체계로는 전세권의 내용을 적절하게 분석하기 어렵다. 이처럼 전세권의 내용 자체를 체계적으로 파악하지 못한 상태에서 전세권의 활용을 기대하기는 쉽지 않을 것이라는 점에서, 전세권에 관한 규정들을 체계적으로 해석하는 것은 중요한 의미를 가진다.

특히, 앞으로 전세권 자체의 독자적인 활용방안을 모색하는데 있어서 유의할 부분은 전세권의 용익물권적인 측면보다는 오히려 그 담보물권적 측면이라고 할 것이다. 예를 들어 종래에 나대지에 저당권을 설정하면서 그 실효성을 확보하기 위하여 지상권을 설정하는 관행이 있는데, 이때의 지상권을 담보지상권이라고 한다. 이때에 담보지상권에 대해서는 민법이 예정하고 있는 지상권에 해당하지 않으므로 담보지상권을 인정하는 것은 물권법정주의에 반한다는 비판이 있다.[441] 그런데 현행 민법상 전세권의 객체는 과거의 전세관행과는 달리 주택에 한정되지 않고 부동산 일반으로 확대되어

441) 윤진수, 〈저당목적물의 담보가치를 확보하기 위한 지상권의 효력〉, 《법률신문》 2010.5.17, 제3841호 판례평석 참고.

있다. 따라서 전세권은 나대지에 대해서도 설정될 수 있고, 위와 같이 저당권을 설정하면서 지상권을 함께 설정하는 것을 통해 달성하려는 경제적 목적은, 용익물권적인 기능과 함께 담보물권으로서의 기능도 함께 가지고 있는 전세권을 설정하는 것만으로도 충분히 달성될 수 있다고 할 수 있다.

이처럼 현행 민법상 전세권에 대해서는 종래와 같이 채권적 전세의 대항력을 강화한 것이라는 시각에서 벗어나서, 전세권이 가지는 기능 및 내용을 분석하여 그 활용방법을 모색하여야 할 것이다.

로두스 · 04

전세제도에 관한 새로운 시각

초판 발행 1쇄 2015년 2월 28일
지은이 명순구 · 이홍민
펴낸곳 고려대학교출판문화원
www.kupress.com
kupress@korea.ac.kr
136-701 서울특별시 성북구 안암동
02-3290-4230, 4232
Fax 923-6311
찍은곳 (주)동화인쇄공사

ISBN 978-89-7641-877-7 94360
ISBN 978-89-7641-730-5 (세트)
값 10,000원

* 잘못 만들어진 책은 바꿔드립니다.